身体づくりと食べ物のはなし

みんなのスポーツ栄養学

Masahiko Yamada
山田昌彦

南雲堂

はじめに

新記録の原点「栄養」

１９８５年から１９９５年までの10年間、三段跳びの世界記録を保持していたウィリー・バンクス（注）は「食事を変えたら新記録を出すことができた」と語っています。

彼の言葉を単純に受け取ると、食べものの中に記録を生みだす特別な成分があるように聞こえるかもしれません。しかし彼の言いたかったのは、食事を変え、栄養コンディションを整えたら「充分な練習が意欲的にできるようになり、結果、大記録が出た」ということです。

「まず体調をベストに変え、自ら体力の限界に挑《いど》む意欲が自己新記録を生みだす」のです。へばるまでやらなければ記録の天井は破れないが、練習でへばったのか、食べものが悪いためにへばったのか、これを簡単に見極《みきわ》めるよい方法はありません。まず栄養状態を完全に近づけ、それで疲れたら必ず「休む」という単純なことが、運動能力向上の原点と考えています。

この本では、栄養学の教科書のような知識の羅列《られつ》ではなくて、「食べものと食べ方」がヒトの体調にいかに様々な影響を与えているか、を中心に述べたいと思います。

日々競技能力を高めようと努力している選手や指導者に、食べることをもっと真剣に考えて欲しい、そしてできるだけよいコンディションでトレーニングに励んでもらいたい、と願っております。

注・1984年ロサンゼルスオリンピック出場、翌1985年全米選手権大会で17m97cmの世界記録を樹立。その後10年間その記録は破られることがなかった。1989〜92年、中京大学特別講師。

スポーツ栄養学の必要性

東京大学名誉教授　宮下充正
（運動生理学）

新陳代謝《しんちんたいしゃ》という言葉がある。生きとし生けるもの、すべてが日々《ひび》刻々《こくこく》と体内の構成物質を変えていることを述べた言葉である。

ところで運動は代謝を高めるといわれる。これは運動することによって体内に貯えられたエネルギーを消費し、それに付随《ふずい》して体内の構成物質が破壊され排泄《はいせつ》されることを意味する。逆の見方をすれば、運動を長く継続することは、しだいにからだを消耗《しょうもう》させていくことになるのである。

スポーツ選手はこの運動の質と量が一般人とは比較にならないほど多い。したがって、消耗したからだを元にもどすという働きかけを少しでも怠《おこた》るとその能力は低下する結果となってしまう。すなわち、競技能力を高めようとの練習やトレーニングが逆の結果を招くことになるのである。

スポーツ選手のトレーニング法に関しては、生理学的見地から、さまざまな研究が遂行《すいこう》され、相当の成果を上げたといえるだろう。しかし、先に述べたようにトレーニングに不可欠な栄養摂取という問題は、やや遅れていると判断せざるを得ない。

栄養摂取の問題は主として、栄養不良を生じた者や病人を対象とした研究が多く、現在ではそれらの研究成果を参考にして、スポーツ選手に応用することが図られている。しかしながら**スポーツ種目によりスポーツ選手の1日の活動量は一般人に比べはるかに多いということ、またスポーツ種目により活動の質が異なるなど、独自の問題をかかえている。**したがって、スポーツ選手を対象とした栄養摂取の研究遂行が急務であるといえる。

ところで、スポーツ選手は科学的研究が完成されるのを待ってはいられない。これまでの研究成果のうちから利用できるものを吸収し少しでも競技力の向上を図らなければならないのである。

本書は栄養摂取に関する基礎的研究を遂行している筆者が直接スポーツ選手に接し、得られた情報から、スポーツ選手の栄養摂取の問題点を探り出し、わかり易く解説してある。たくさんのコーチ、選手が読んでトレーニングに生かすことを期待したい。

私が東大の宮下研究室に出入りするようになったのは、日本体育協会の方に「日本のスポーツを強くするための研究」を命じられたのがきっかけでした。

当時、明治製菓はザバスプロテインの発売を開始し、私はその普及活動で日本全国を走り回っておりました。最新のトレーニング技術と充分な練習量がありながら外国勢の圧倒的パワーの前に苦戦する日本選手の姿をいろいろな場面で目にした私は、その原因として「栄養摂取の問題」が置き去りにされ、それが足を引っ張っているという仮説をもとに、ザバスブック「選手のための栄養学」を作成したのでした。

その折、宮下先生にお願いして書いていただいたのが「スポーツ栄養学の必要性」です。現在でも、スポーツ選手の栄養摂取の問題は大きく変わっていません。今回、『身体づくりと食べ物のはなし—みんなのスポーツ栄養学—』出版にあたって引用させていただくことといたしました。

CONTENTS

序章

身体づくりの原則

身体づくりの原則

どんなことにも、原則というものがあります。からだづくりにも、同じように原則があります。

原則にそむくと、成果をあげるのはむずかしくなります。この①~⑥の順も大切です。スポーツの種類にかかわらず、チャンピオンを目指す人も、一般のスポーツ選手でも、ケガや病気でリハビリトレーニングに励む人にも、原則があります。

原則

1意識性
2栄養充実性
3個別性
4継続性
5負荷漸増性
6超負荷

*上から下へ大切な順に並べてあります。

*順番を間違えると効果が上がりません。

*講習会ではトップにこの原則の話をします。

①意識性の原則
どういうふうになりたいのか
空想ではなく努力すれば到達できる目標を常に意識する

②栄養充実性の原則
より良いバランスの食事を
特にたんぱく質を充分に
食べるものすべてに気配りを

③個別性の原則
心身とも一人ひとり
自分の体質や個性に合った手段方法を選ぶ

④継続性の原則
ヒトの身体は時々刻々と変わる
しかしそのスピードは極《きわ》めてゆっくりで
繰り返しの刺激が必要
筋肉の発達は特に遅い

⑤負荷漸増性《ふかぜんぞうせい》の原則

今の能力よりわずかでもいいから上のレベルを目指して徐々《じょじょ》に引き上げる

命令されるのではなく、自分で

⑥超負荷《ちょうふか》の法則

時々は本当にヘバるまでやる

限界にチャレンジしてみる

筋肉への負荷を限界まで刺激する

■スポーツによって消耗する栄養素をどう確保するか

一流のアスリートは、車でいえば、レーシングカーのような特別仕様として、手造りに近いかたちでコツコツと造り上げる必要がある。

その場合、**トレーニングは肉体発達と機能増大のための刺激で、実際の肉体構築と機能強化は、栄養素の適正な供給によっておこなわれる**。このためには、従来のお仕着《しき》せの食事補給から脱して、トレーニングの目的に合った、栄養素の質と量のバランスを求める必要がある。

アスリートの「食べもの」は、あくまでも、個別オーダーに近い方法で整えられるのが理想といえる。

栄養とは

生きものは、すべて**その種族にとって必要な物質を外部からとり入れ、それによってエネルギーを確保し、からだをつくり、代謝によって生じた不要な成分を体外に排出している**。このことを栄養という。そのメカニズムにはきちんとした科学的合理性があるのだ。

ヒトの栄養については、個人差や微細《びさい》な部分についてはまだ解明されてない部分も多い。

しかし、原理原則は、はっきりしている。

多くの誤解

普通、一般の生活をしている人の栄養学を、ハードなトレーニングをしている選手に単純にあてはめるとか、逆にスポーツマンがなにか特殊な人間のように考えてとり扱うことから、多くの誤解が生じている。

消耗の激しい栄養素をどう確保するか

激しいトレーニングを継続的におこなえば、人間の機能はある程度まで伸びていく。このケタはずれの運動量によって、栄養素の消耗は普通の生活をしている人と異なるパターンとなる。しかし、胃腸や心臓の型が変わるわけではなく、各臓器がやや大きくなり、処理能力が向上するだけである。メカニズムそのものは大して変わらない。
問題は、必要な栄養素をどのように確保するかという、純粋に科学的な問題である。

よいコンディションをつくる必要条件は栄養である

トレーニングはベストコンディションでやるべきである。よいコンディションを維持していくためには、よいバランスで栄養素が摂取されねばならない。しかし、これさえとればよい、というものはない。

表1では、普通の労作者《ろうさしゃ》（特殊ではない、普通レベルのスポーツマン）が1日に必要とする、**栄養素の量的モデル**を示した。表中、最大に必要とされる栄養素は糖質、最小のものはビタミンB_{12}である。この**最大と最小の比率はおよそ10億対1である**点に注目していただきたい。

もし最小の栄養素、ビタミンB_{12}がゼロとなれば、この人は悪性《あくせい》貧血に見舞われ、スポーツを続けることが困難になる。

潜在性《せんざいせい》栄養欠乏状態は無自覚

運動することによって消耗が増大し、ある栄養素が決定的に欠乏すると疾病《しっぺい》としてあらわれるが、わずかに足りないといった場合、それを自覚することはほとんどできない。

たとえばビタミンB_1が欠乏するとまず、疲れやすい、根気がない、というような状態になり「全力でトレーニング」しないといったことが起こる。本人が、または周囲が、これ

（モデル）男性　20歳　身長170㎝　体重62㎏
普通の労作者　エネルギー所要量 2,500kcal/日
（基礎代謝量 1,500kcal　労作運動量 1,000kcal）

栄養素	g	mg	μg	備考
糖質	410			
脂質	64			
○蛋白質	70			
ナトリウム		2,000		塩化ナトリウム（食塩）として５ｇ相当
塩素		3,000		
カリウム		1,000		
○カルシウム		600		
リン		600		※ 米国の基準参考値
マグネシウム		350		※
亜鉛		15		※
○鉄		10		
ヨード			140	
○ビタミンC		100		
○ビタミンB_1		1.5		
○ビタミンB_2		1.7		
ビタミンB_6		2		※ 米国の基準参考値
ビタミンB_{12}			3	※
ビタミンE		10		※
○ナイアシン		17		
粗繊維	15			●日本人の推定値
水	3,000			〃

（注）○印：厚労省で標準所要量を定めているもの。

表１　栄養素のバランス

をビタミンB_1が少し足りない、と気づくことはほとんどできない。
我々が自覚するのは、空腹感という本能レベルの欲求、疲労感くらいのものである。

栄養を考慮し、自分の意志で食べる

スポーツというひとつの明確な目標を持っている人は、その活動による自分のからだの変化をよく知り、目標達成のためには「栄養という要素を考慮して食べる」ことが必要となる。スポーツすることが自分の意思である以上、食べることにもその意思を反映させるべきではないか。

勝敗を科学で予測することはできない。しかし、よいコンディションをつくる科学的な手段はある、と筆者は考える。

コラム①

もぐもぐタイムがもつ意味は？

食事には大きく分けて、3つの機能があります。

まずは「生きるために食う」という生命維持機能（1次機能）。次に「美味しさを味わう」というリラックス機能（2次機能）。

そしてポリフェノールに代表されますが、抗酸化物質などをとることで得られる「アンチエイジング」機能（3次機能）です。

平昌（ピョンチャン）オリンピック2018で、カーリング日本女子代表の活躍が話題になりました。「そだねー」といい合いながら、楽しそうに、氷上のチェスといわれる頭脳戦を制していった彼女たちの姿は、微笑ましくもありました。

そのカーリング女子が競技の合間、ハーフタイムに口にしていたお菓子やフルーツも話題になりました。〝もぐもぐタイム〟とネーミングされましたが、「あの〝もぐもぐタイム〟にはどんな意味があるのだろう？」と疑問をもたれた方もおられたでしょう。

正解は2次機能＝リラックス機能です。食べることで緊張を解きほぐし、咀嚼《そしゃく》と甘いものから得られる糖分によって頭脳の働きを活発にしているのです。

みなさんも、黙々《もくもく》と続ける単調な作業の合間に甘いものを口にすることはありませんか。それはとても大事なことです。それが、知らず知らずのうちに、リラックス効果につながっているのです。

第1章

スポーツ栄養学とは（基礎編）

まず、栄養素の役割をよく知ろう！

身体は、毎日の食事からとり入れる栄養によってつくられています。しかし、栄養に対して、薬のように飲めばすぐ熱が下がるとか、痛みがなくなるといった即効的な効果を期待することは間違いです。トレーニングをしたからといってすぐに速く走れるようになったり、技術が向上したりすることは望めないことと同じです。

むしろ、**適切な栄養の補給とトレーニングによる運動刺激を長期にわたって繰り返すことによって身体を根本的に改造し、運動能力を向上させることが大きな成果に結びつく**といえるのです。

運動に見合った適切な栄養素を、毎日の食事でしっかり確保していくためには、まず**栄養素の役割をよく知っておく**ことが必要です。

次にそれぞれの食べものの中に、主としてどのような栄養素が含まれているのか、を知っておかなければなりません。

図1は、栄養素の役割をおおざっぱにまとめたものです。**表2**はスポーツマンと普通の人で主な栄養素の必要量を比較したものです。数値の違いの大きさに驚かれたことと思います。この章では、なぜこれだけ必要なのかを少し詳しく述べます。

一部の運動選手に見られることですが、「練習さえがっちりやればよい」とばかりに練習をヘトヘトになるまで頑張る一方、そのストレス解消を食べものに求め、好物を腹いっぱいに食べる人がいます。このようなことをしていたのでは、トレーニングの苦しさの割にその成果は上がりません。長く続けていくと栄養素の偏《かたよ》りが原因で病気やけがさえ起こしかねないのです。

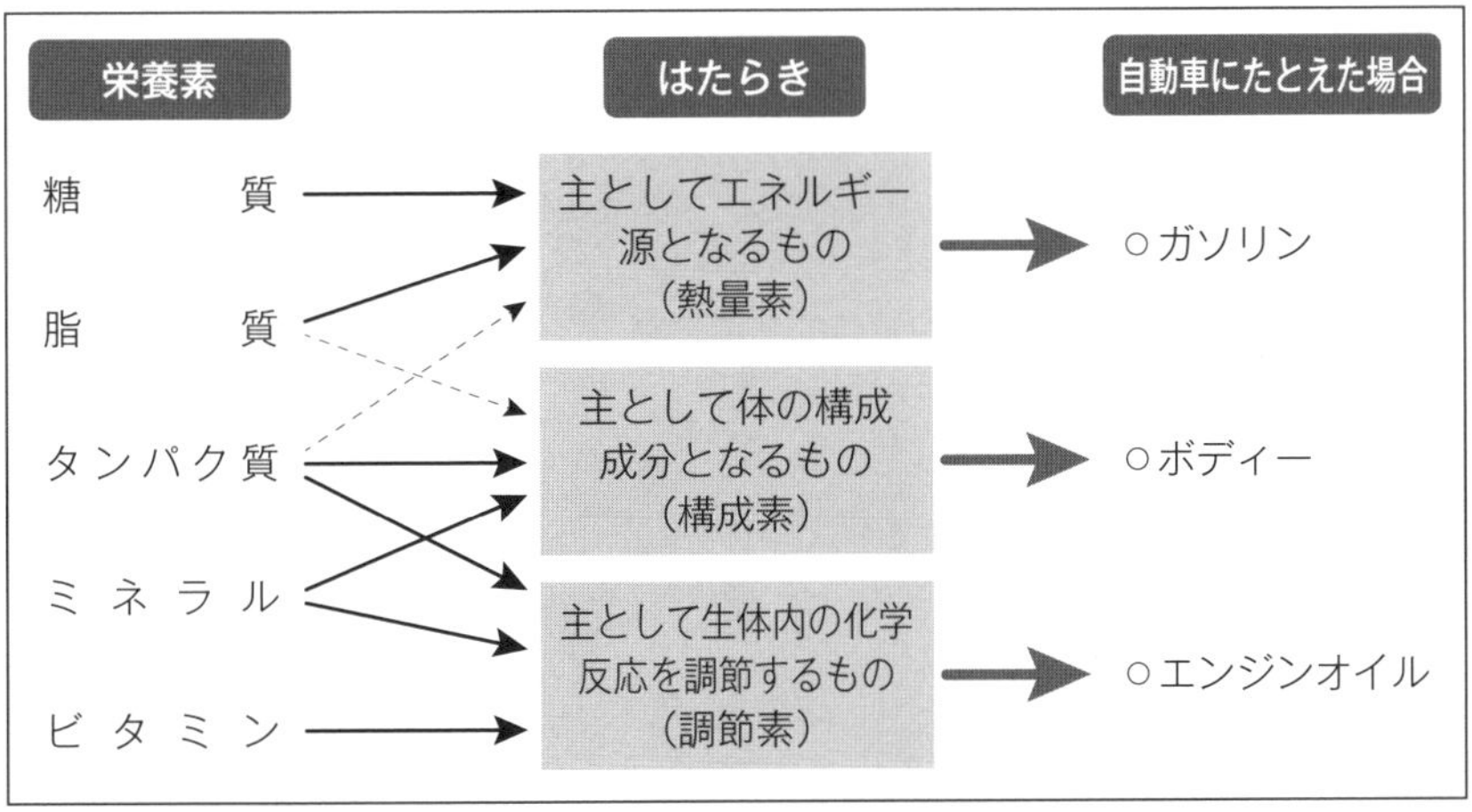

図１　栄養素の役割

20歳男子　体重62kg（１日４時間練習）

栄　養　素	普通の人	トレーニング期のスポーツ選手	普通人との比較
エネルギー量（kcal）	2300	3800	運動量に応じて増加
たんぱく質　（g）	60	140	２倍以上
カルシウム　（mg）	800	1200	２倍以上
鉄　（mg）	7	20	２～３倍
ビタミンA　（μg）	850	2000	２～３倍
ビタミンB_1　（mg）	1.4	5	３～５倍
ビタミンB_2　（mg）	1.6	3	２倍
ビタミンC　（mg）	100	250	2.5～５倍
ビタミンE　（mg）	6.5	50～100	７～20倍

表２　スポーツ栄養のモデル例（トレーニング期）

たんぱく質

筋肉づくりに最も重要！

スポーツマンのパワー、すなわち筋力は筋肉の断面積に比例するといわれています。なかでも運動によって実際に肥大するのは筋原繊維《きんげんせんい》で、これはほとんどがたんぱく質からできています。

ところで、図2は日本人の平均的な食事の栄養成分と身体および筋肉の栄養成分を比較したものです。これで見ても、筋肉の大部分がたんぱく質から成っていることがわかります。それにもかかわらず、食事から摂取されている栄養の約3分の2は糖質であることも明らかになっています。筋肉の発達が必要なスポーツマンが、こういう食事を続けていたのでは強いパワーを生み出す筋肉を増大させることはできません。

「肉こそパワー源」という考え方もあながち間違いではありませんが、肉にはたんぱく質とともに脂肪が含まれています。十分なたんぱく質をとろうとすると、脂肪も多くとってしまうことになります。またたんぱく質は身体に蓄《たくわ》えておくことができません。一度に多量のたんぱく質をとったとしても、必要以上のものはいったん吸収されたあと肝臓で糖質に分解され、最終的には脂肪の形で体内に蓄積されます。ですから、やたらに肉を多食していると肥満体になってしまうことが多いのです。

激しい労作に従事する人のたんぱく質所要量（注）は、体重1キログラムあたり1日1・8グラムとなっていました。各種目の日本代表チームなどの合宿時では、約2グラムを目安としています。

伸び盛りにある若い学生選手が、特に筋重量をふやそうとするときには2・5グラム程度の摂取が望ましいでしょう。

注・現在、厚労省は栄養素の所要量という形では公表していませんが、健康長寿の延長ということで、年齢・性別の摂取基準（2015年）を示しています。しかし、これにはスポーツなど激しい運動をする人の該当量は記載されていませんので、日本体育協会などの目安を示すにとどめます。

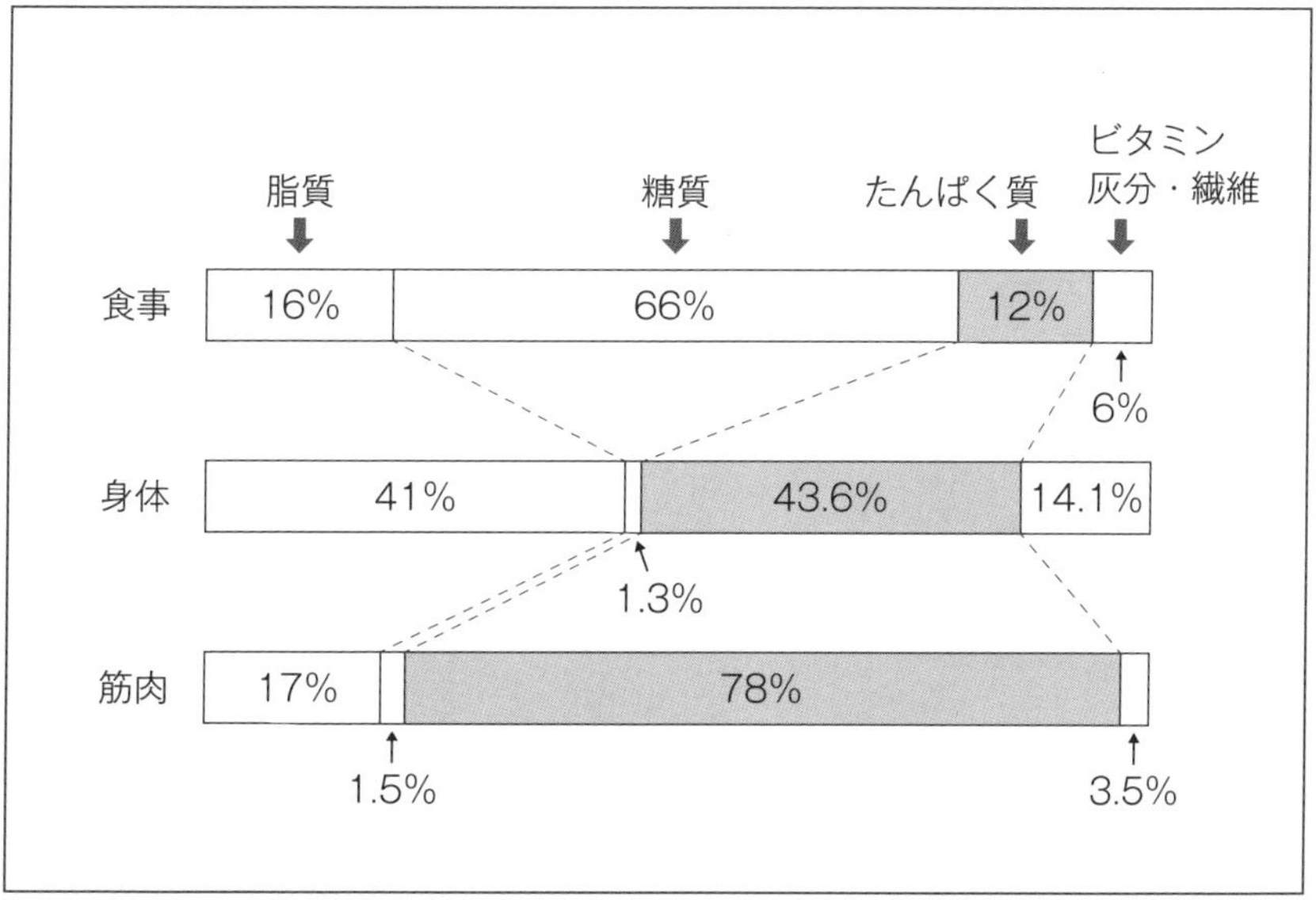

図２　食事、身体、筋肉の栄養成分（無水物）比較

ビタミンB1　エネルギーの活性化に不可欠

ビタミンB1は、**運動のエネルギー源である糖質のエネルギー化に欠くことのできない栄養素**です。糖質はグリコーゲンという形で体内に貯蔵されていますが、このグリコーゲンが分解されてブドウ糖となり、さらにピルビン酸というものになります。このときクレーブスの回路と呼ばれる反応が回転して、エネルギーを生み出します。

しかし、運動が激しい場合には、その運動に見合ったクレーブスの回転に必要な酸素の供給が不足して、だんだんとピルビン酸がたまってきます。このピルビン酸は、もう一つの経路で「乳酸」となります。この乳酸がたまることが、疲労の原因の一つであるといわれていました。しかし、最近、トレーニングを積むと乳酸を利用する能力がアップする、という研究成果が発表され、その応用が始まっています。

ビタミンB1は、ピルビン酸がクレーブスの回路に入るときに必要な栄養素です。したがってビタミンB1が不足すると、酸素が十分に供給されても

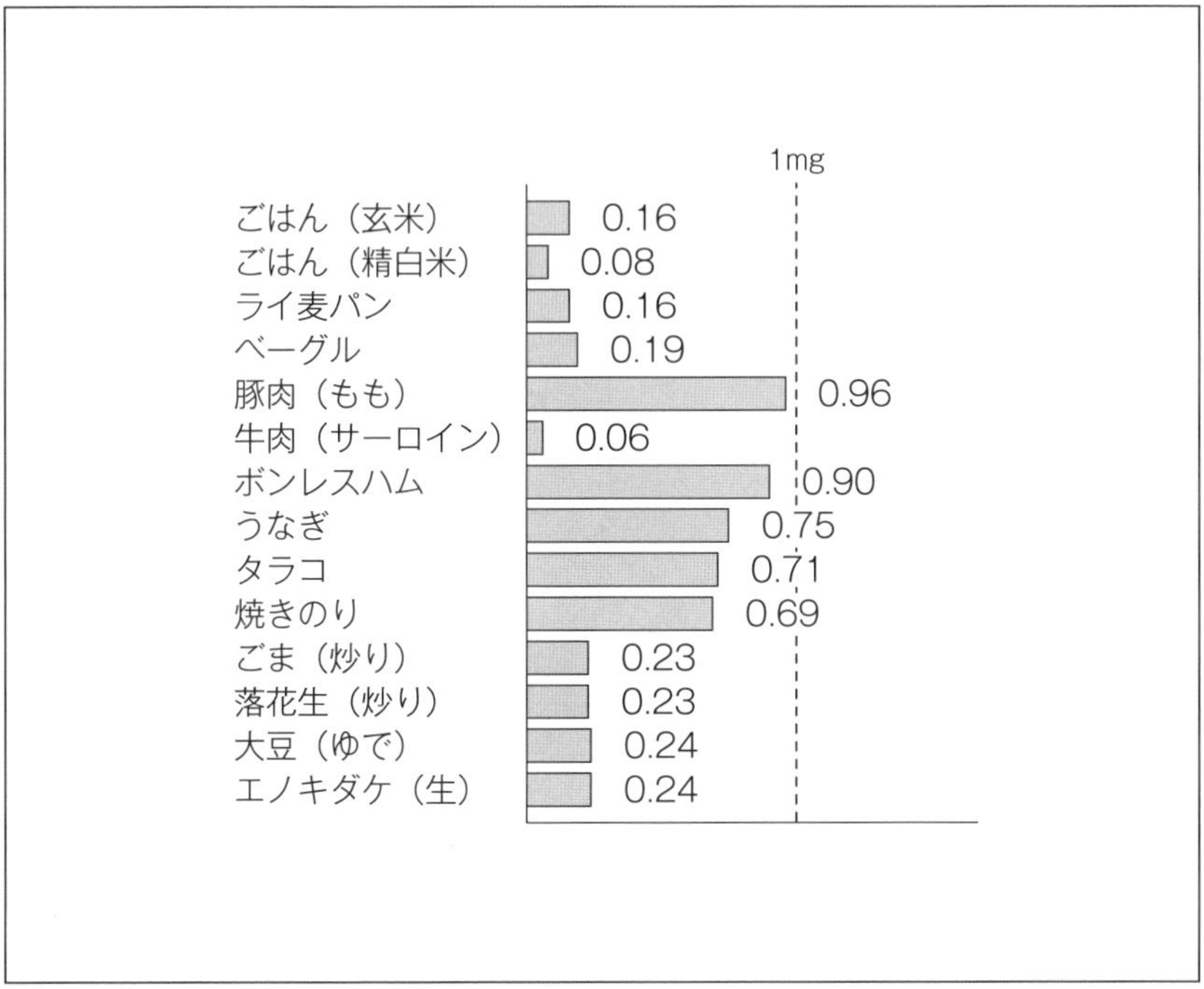

（七訂補　日本食品標準成分表より）

図3　ビタミンB_1を含む食品（mg／100g中）

糖質がエネルギーに転化される効率が悪くなり、疲労の有力な原因となります。

このように、ビタミンB_1の必要量は運動の激しさが増すにしたがって増大してきます。普通の生活をしている成人の場合、一日約1ミリグラムという摂取基準が設けられていますので、スポーツマンの場合は約2倍ぐらい、ハードトレーニング期では5～10倍の摂取を目安と考えておいてよいでしょう。

ビタミンC

不足は肉離れ、ねんざにつながる

スポーツマンのパワーは、いうまでもなく筋肉の細胞内で発生します。この細胞を一つのまとまりとして機能させるためには、筋肉を包む筋膜《きんまく》や腱《けん》などが強固でなければなりません。人間の運動をクレーンにたとえれば、物を持ち上げるモーターの役割が筋肉細胞であり、物をつり上げるワイヤーやアームにあたるのが腱や骨といえます。

細胞と細胞をつなぐ役目をしているものを結合組織といいますが、これは筋肉などとはまた違ったコラーゲンというたんぱく質からできており、体たんぱく質の3分の1を占めています。このコラーゲンが体内でつくられるときに欠かせないのがビタミンCです。歯《し》ぐき《にく》から出血するときは、このビタミンCが不足し、歯と歯肉細胞をつなぐ結合組織がもろくなり、歯肉内の毛細血管が破れやすくなっている状態を示しています。ビタミンCの欠乏がさらに進むと、壊血病《かいけつびょう》という病気になります。

スポーツマンがビタミンCの不足になると徐々に結合組織が弱まり、ねんざや肉離れを起こしやすくなります。

また、私たちは、**ストレスを受けると副腎《ふくじん》皮質《ひしつ》ホルモンの活性が高まって、ビタミンCを大量に消費します**。運動は、一種の生理的ストレスですから、ハードトレーニングの場合は強烈なストレスとなります。さらに、暑さ、寒さや緊張感、渇《かわ》きなどもストレスの原因になりますから、激しい運動をすればするほど副腎皮質ホルモンが多量に要求され、それに伴いビタミンCの必要量も増大します。

逆にビタミンCが不足すると副腎皮質ホルモンの分泌がスムーズに行われなくなるため、ストレスに対する抵抗力が弱まり、疲れやすくなってしまいます。

ですからスポーツマンは、普通の人の1・5〜2・5倍のビタミンCをとることが必要になってきます。一日２５０ミリグラムぐらいは最低とりたいものです。

その他、ビタミンCはカゼの予防効果もあるといわれています。試合の直前には一日に1〜2グラムぐらいとっておけばコンディションづくりにも役立ちます。

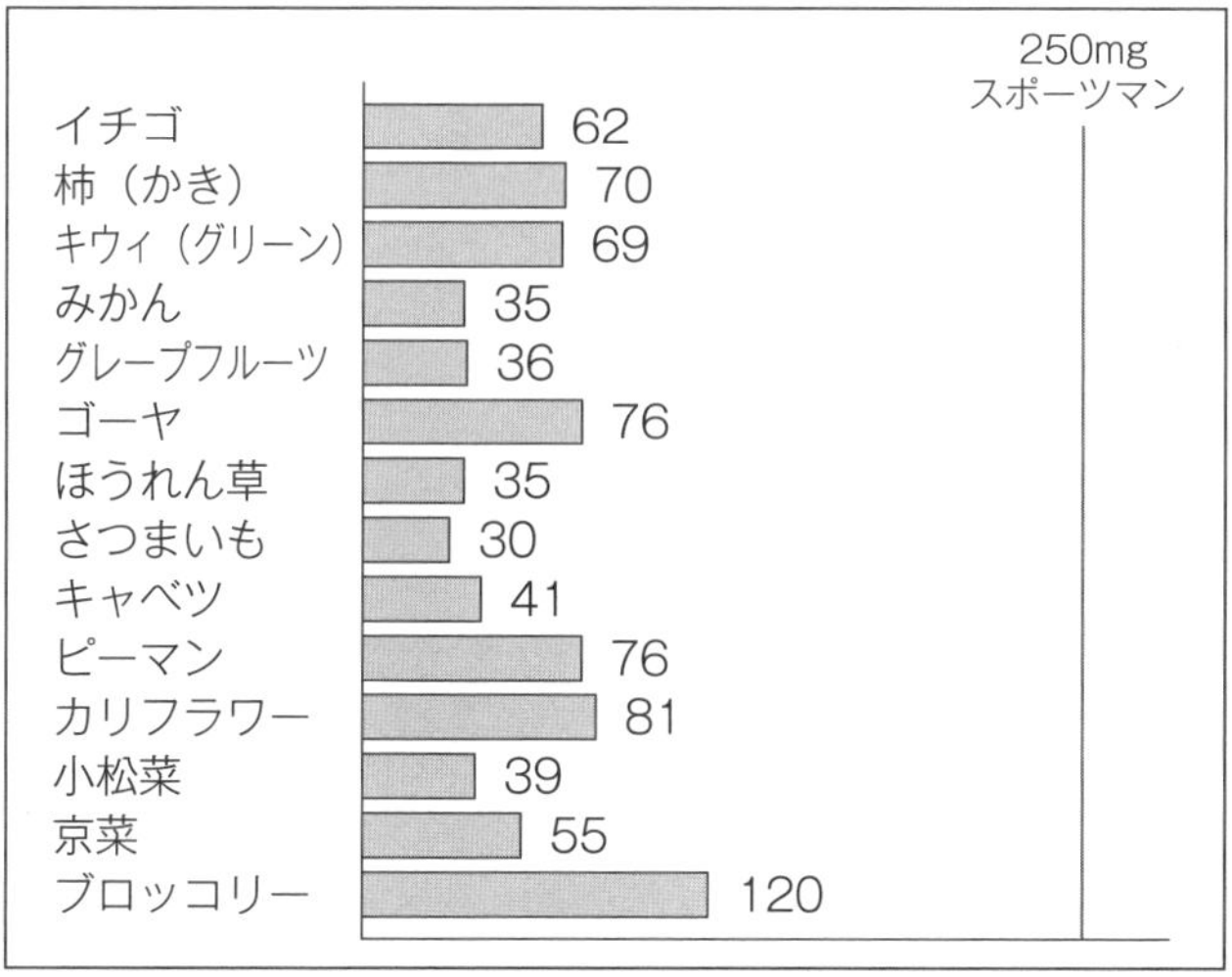

（七訂補　日本食品標準成分表より）

図4　ビタミンCを含む食品（mg／100g中）

ビタミンE

なぜスタミナをアップさせるのか

1954年、アメリカのキュアトン博士はビタミンEを豊富に含む小麦胚芽《はいが》を与えてトレーニングしたところ、運動能力が向上したと報告しています。日本でも順天堂大学の青木先生らのグループが、乗鞍岳《のりくらだけ》での実験から、ビタミンEは、筋肉の酸素利用効率を高める作用があり、十分なトレーニングをすればその効果を助長すると考察しています。

なぜビタミンEは、このような作用があるのでしょうか。

私たちの身体は、呼吸によって空気中から酸素をとり入れています。しかし、この酸素も血液の中に入らなければ役に立ちません。その上、血液中の赤血球に運ばれて身体のすみずみまで届けられ、筋肉などの細胞に入り、この細胞内のミトコンドリアというところまで到達しないとエネルギー発生には役立てることはできないのです。

このように、空気中の酸素が細胞レベルで利用されるためには、酸素を通す薄い膜（生体膜）が酸素を通しやすいか否かが関係します。この生体膜が酸素利用率と深くかかわり、スタミナを大きく左右しています。体内の酸素利用率が高まると、筋肉の疲労が起こりにくくなるからです。

それは運動の後に、疲労物質の一つである血中乳酸量を測ると、ビタミンEをとっている人の方が明らかに低いことからわかります。

この生体膜の主な成分の一つは、リノール酸やアラキドン酸など不《ふ》飽《ほう》和《わ》脂《し》肪《ぼう》酸《さん》です。ビ

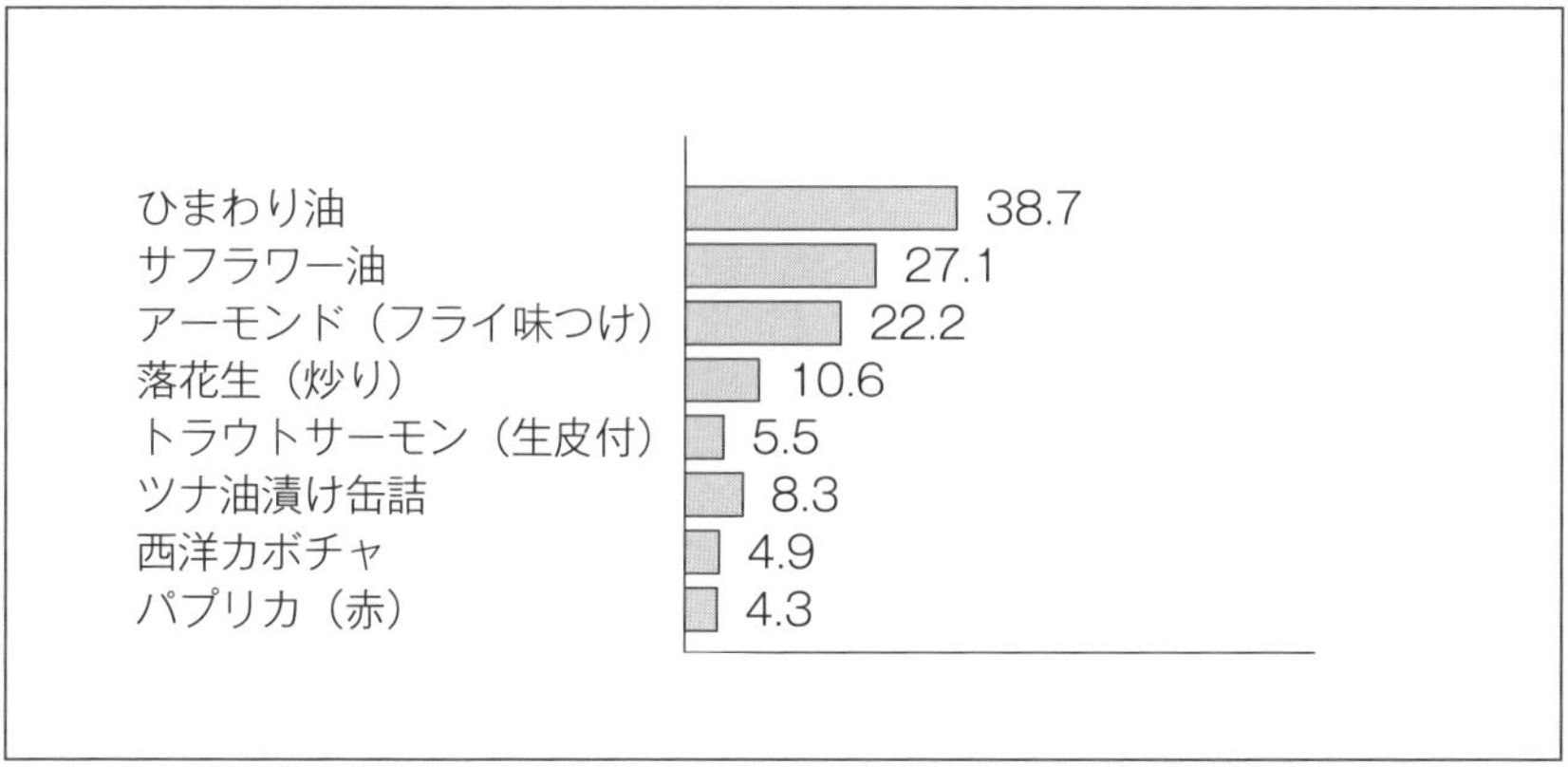

（七訂補　日本食品標準成分表より）

図5　ビタミンEを含む食品（mg／100g中）

タミンEが共存していないと酸素と反応して、過酸化脂質となってしまう特性があります。このためビタミンEが不足すると生体膜での酸素の通過が悪くなってしまいます。生体膜を若々しく保つには、ビタミンEがぜひとも必要となってきます。

酸素ばかりでなく、ほかの栄養素もすべてこの生体膜を通って細胞に供給されるのですから、生体膜が若々しいということは、全身の機能も若々しく活力に満ちていることにもなります。

注・ビタミンEを多く含むものとして図5で示した以外に、小麦胚芽やそれからとった小麦胚芽油があるが流通が少ないなどの理由で除外した。

カルシウム不足すれば、けいれん、筋肉痛に

筋肉運動とは、筋肉を構成する細胞内のたんぱく質とカルシウムイオンが反応することです。激しい運動を続けていると、筋肉中のカルシウムは筋肉細胞から出てきてしまい、汗や尿となって排出されてしまいます。長時間激しく筋肉を使うスポーツではかなりのカルシウムを失うことになります。**筋肉中のカルシウムが不足すると筋肉の収縮が不完全となり、硬直《こうちょく》してきます**。筋肉がコチコチになったり、筋肉けいれんや運動後によく起こる筋肉痛は、カルシウムの欠乏が原因の一つとなっています。

日ごろの練習で後半になると筋肉硬直や筋肉痛が起こりやすく、その症状を翌日まで残すような人は、カルシウム不足を疑ってみる必要があります。

日本の土壌《どじょう》は、諸外国に比べてカルシウム含有量が少ないため、一般の食事だけで比較してみると、欧米人の約2分の1しか摂取できないといわれています。

こうしたことから、日本のスポーツマンはよほど意識的に摂取しないと慢性《まんせい》のカルシウム不足に陥《おちい》る

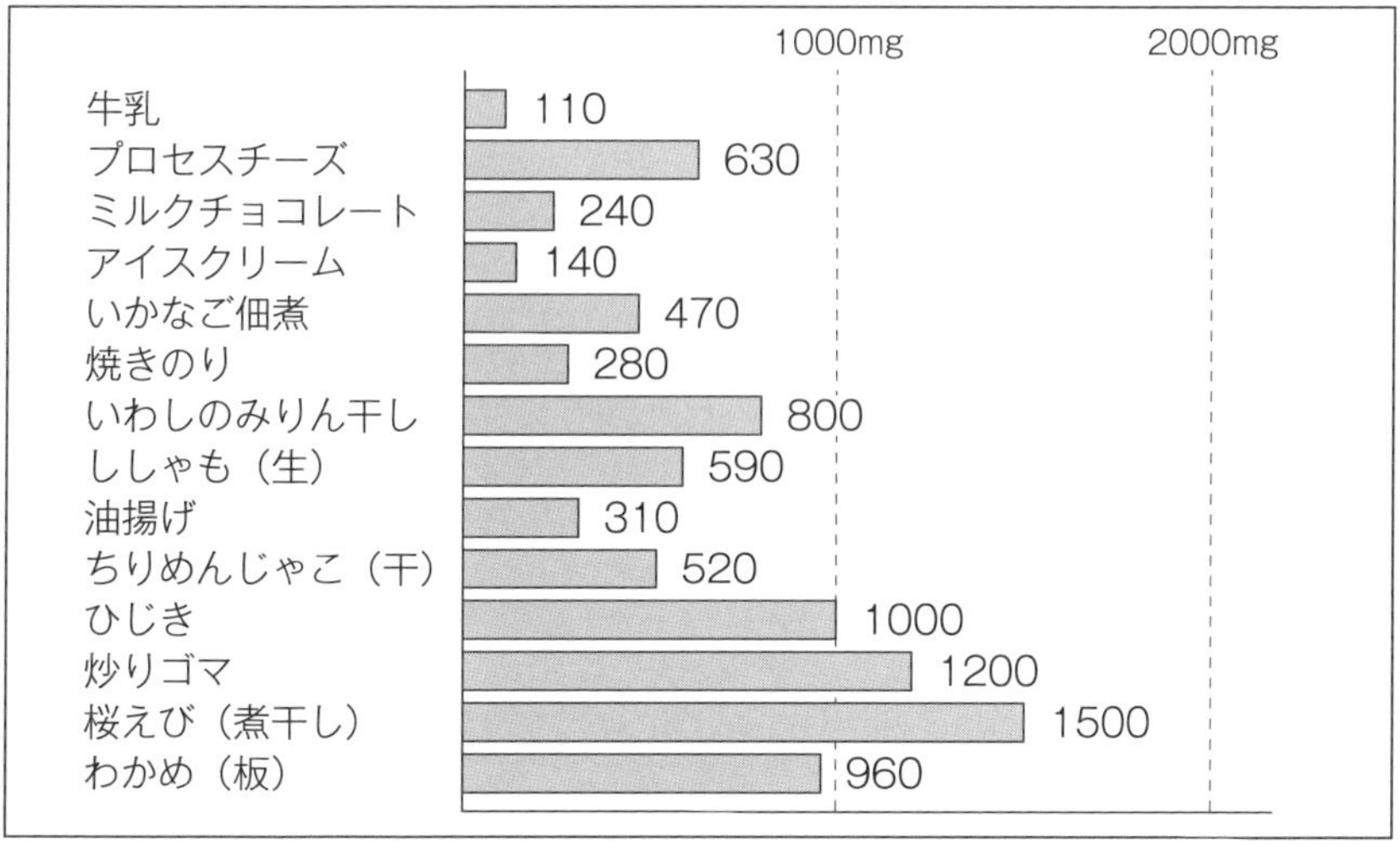

（七訂補　日本食品標準成分表より）

図６　カルシウムを含む食品（mg／100g中）

危険性があるといえます。

参考までにカルシウムの摂取量を述べておきましょう。成人のカルシウム必要量は、１日体重１キログラムあたり10ミリグラムとされています。発汗量の多いスポーツマンの場合は、この約１・３倍、中・高校生の場合は、さらに１・３〜１・５倍は必要になります。

牛乳１本（二〇〇ミリリットル）には約二〇〇ミリグラムのカルシウムが含まれていますから、育ち盛りの中・高校生では、１日５本分必要となるわけです。牛乳にはカルシウムの他に、ビタミンやたんぱく質も豊富に含まれていますから、練習や試合が終わった後、まず最初に飲むものとして、これにまさるものはないといえましょう。

鉄分　不足すれば運動性貧血に

軽い練習ならなんでもないのに、合宿などでハードトレーニングが続くと顔面蒼白《そうはく》になり、場合によっては倒れてしまうような人がいます。このように運動量が増加することによってあらわれる貧血を運動性貧血といい、学生や年齢の低い層に多く、女性では成人にもかなりの人に見られます。

かつて、体協スポーツ科学委員会の研究によれば、実業団バレーボールチームの場合、男子で44パーセント、女子で50パーセントの人が鉄分不足の状態に陥っていると報告しているほどです。

貧血は血液中のヘモグロビン（血色素）の低下によるものです。このヘモグロビンの原料は鉄分とたんぱく質ですから、鉄分が欠乏すると貧血になってしまいます。しかも、**鉄分は吸収率がきわめて悪く、食べものに含まれる量の約10パーセントしか利用されません。**特に胃酸分泌の少ない人は、その吸収率が悪いといわれて

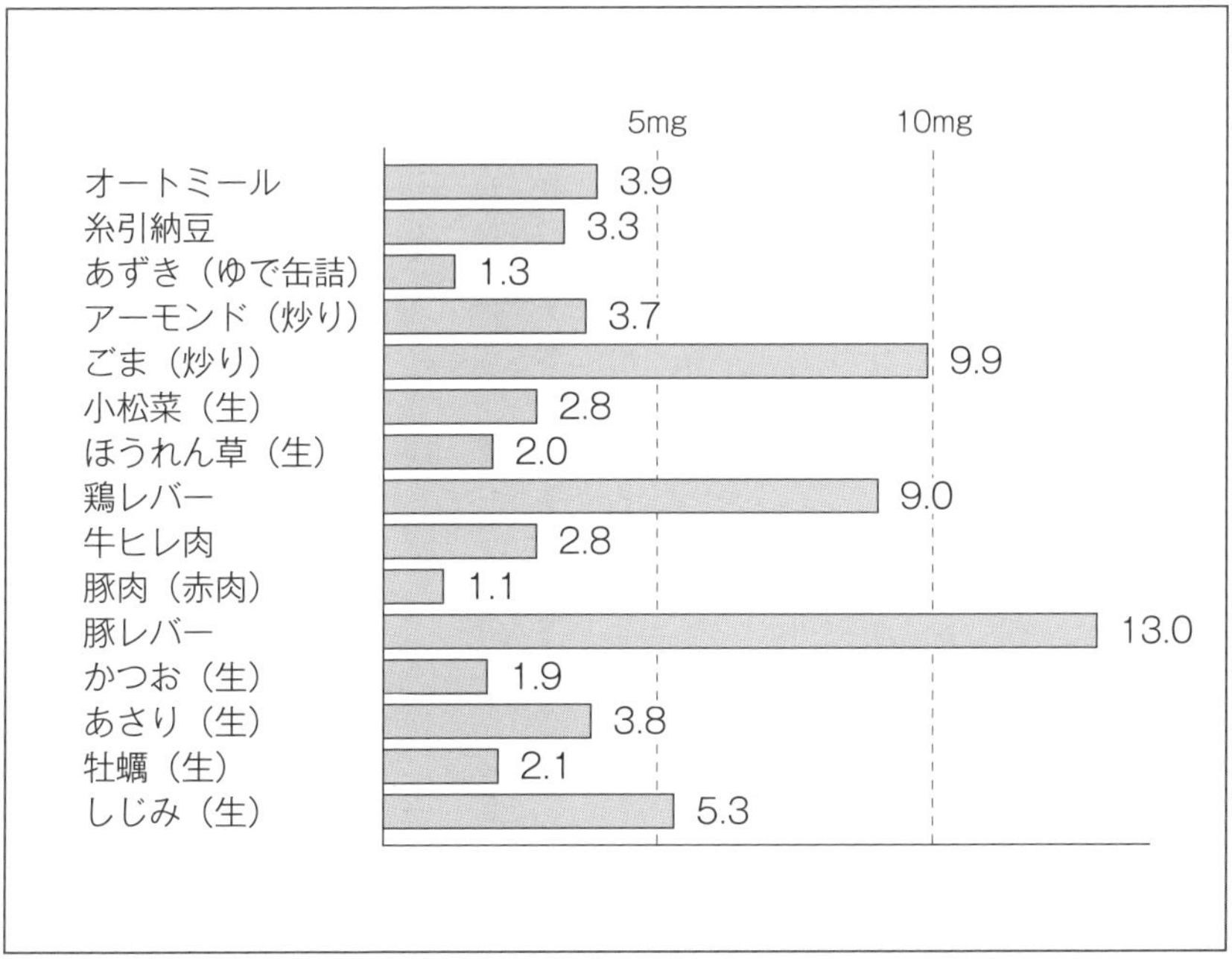

（七訂補　日本食品標準成分表より）

図7　鉄を含む食品（mg／100g中）

います。

逆にビタミンCは吸収を促進しますし、赤血球の合成にはビタミンB_{12}、葉酸《ようさん》も欠かせない栄養素です。

それでは、スポーツをする人にとって1日どれぐらいの鉄分が必要になるのでしょうか。一般の成人の場合の推奨《すいしょう》量は、約10ミリグラムですが、2～3倍の20～30ミリグラムはとっておくことが望ましいとされています。

貧血を起こしやすい人は、食事ごとに鉄分の多い食品を組み込んでいくことだけではなく、ビタミンC、たんぱく質も十分に摂取するよう配慮したいものです。

ミネラル　意外に知られていない大切さ

ミネラルとはカルシウム、リン、カリウム、ナトリウム、塩素、マグネシウム、鉄、銅、ヨウ素、亜鉛、その他、人間の身体を構成したり、生きてゆくために必要な無機物質の総称です。

これらのミネラルは体重の5パーセント程度を占めているにすぎませんが、たんぱく質とともに**身体の構成をあずかる大切な栄養素**です。

また**酵素の働きを助ける、体液の浸透圧《しんとうあつ》を一定に保つ、体液の中性を保持するといった働きも持っています**。

ミネラルの中でも最も量の多いのはカルシウムです。カルシウムと鉄については前述しましたので、ここでは特にスポーツマンに関係の深い塩分について述べておくことにします。

日本人は昔から食塩をとりすぎる傾向があり、現在は食塩の過剰摂取が、むしろ高血圧や脳卒中《のうそっちゅう》との関係で問題視されています。多量の発汗をともなうスポーツマンは、汗と一緒に多くの塩分を排出します。激しい運動時は、汗と尿からの排出量が20〜26グラムにも達します。ふだん塩分に気遣《きづか》っている人でも、激しい運動を続けるときは多少、塩分をふやす必要があります。

しかし、普通の食事をしている人ではとりすぎ気味ですから、少々多め程度で十分です。

スポーツの後に食塩をなめる必要などはありません。

その他に、リン、マグネシウム、銅、亜鉛、コバルト、セレンなどのミネラルも私たちの身体にとって重要な物質です。

適当なサプリメントはありません。やはり小魚や貝類、緑黄色野菜、根菜類、ナッツ類、レーズンなどミネラルの豊富な食品も、毎日必ずとるように心がけてください。

多量 ミネラル	ナトリウム カリウム カルシウム マグネシウム リン	
微量 ミネラル	鉄 銅 ヨウ素 クロム	亜鉛 マンガン セレン モリブデン

表3　ミネラルの種類
日本人の食事摂取基準（2010年版）

コラム②

オランダ、身長と牛乳

オランダとニュージーランドはどちらも酪農《らくのう》がさかんで、牛乳消費量が著しく高いのが特徴です。とりわけ成長期の牛乳摂取量が多いことが知られています。平均身長でみると、オランダ男子183㎝、ニュージーランド同177㎝と、トップクラスです。

ところで、米大リーグの大谷翔平選手は、中学時代、練習の疲れも手伝ってか、夕食を待つ間に寝入りそのまま朝まで12時間睡眠、という生活パターンが多かったそうです。その代わり、牛乳は毎日1ℓ飲んだと書かれています（『天才をつくる親たち』吉井妙子著）。寝る子は育つといいますが、大谷選手は大リーグでも見劣りしない立派な体格です。

牛乳は、牛という大型哺《ほ》乳類の母乳ですから、成長期に必要な栄養素をほとんど含みます。ビタミンCが少ないのは、牛はビタミンCを体内合成できるからです。（P134）

筆者は、「牛乳摂取と身長の関係」がずっと気になっていて、誰かこのことを研究してくれないかと考えていますが、練習後、成長ホルモンが活発に働いている時間帯に最適な飲み物として選手にすすめてきました。参考までに、栄養成分を示します。

●牛乳（200ml当たり）の栄養成分

エネルギー	138kcal 578kJ
水分	180.4g
たんぱく質	6.8g
脂質	7.8g
炭水化物	9.9g
灰分	1.4g
無機質	
ナトリウム	85mg
カリウム	310mg
カルシウム	227mg
マグネシウム	21mg
リン	192mg
鉄分	0.04mg
亜鉛	0.8mg
銅	0.02mg
ビタミン	
レチノール	78μg
カロテン	12μg
レチノール当量	78μg
ビタミンD	0.6μg
ビタミンE	0.2mg
ビタミンK	4μg
ビタミンB1	0.08mg
ビタミンB2	0.31mg
ナイアシン	0.2mg
ビタミンB6	0.06mg
ビタミンB12	0.6μg
葉酸	10μg
パントテン酸	1.14mg
ビタミンC	2mg
脂肪酸	
飽和	4.81g
一価不飽和	1.80g
多価不飽和	0.25g
コレステロール	25mg

出典：日本食品標準成分表2010より計算

第2章

勝つための上手な食べ方（たんぱく質編）

筋肉は鍛《きた》えて、食べて、強くなる

筋肉づくりは長期計画で

競技力は、体力と技術が勝負の決め手になります。体力のうち筋力の強化はトレーニング期の大きな目標です。

筋肉細胞は、新陳代謝《しんちんたいしゃ》の活発な細胞で、毎日少しずつ分解し、古くなったものと新しいものとが入れ替わっています。通常、半分の細胞が交替するのに要する期間を半減期と呼んでおり、成人の骨格の筋肉では約4ヶ月といわれています。新陳代謝のスピードは年齢が低いほど速く、年をとるにしたがってスピードは遅くなっていく傾向があります。

それでは、筋力はどうすれば強化できるのでしょうか。もし運動という刺激がなければ、新生した細胞は旧細胞とほぼ同じ能力しか発揮《はっき》できません。しかし**豊富なたんぱく質をとりながら、トレーニングを十分行なうと新しく生まれた細胞は、より刺激に対応し、適応して発達していきます。**ですから**筋肉づくりのトレーニングは、同じ部位の筋肉への刺激を繰り返し一定期間続けてやっと効果が得られる**ということになります。

またトレーニングを続けると、その運動に必要な細胞の新陳代謝のスピードが速くなります。そこでたんぱく質のとり方が問題になるのです。

たんぱく質をとぎれることなく補給する

筋肉の合成の原料となるたんぱく質は、一度に多く摂取してもそのまま体内に貯蔵しておくことができません。**三度三度の食事でとぎれることなく補給していくことが筋力アップのポイントです。**朝食、昼食、夕食に、同じくらいのたんぱく質の量をとり、場合によっては、就寝前にプロテインパウダーなどで補食することもあります。

筋肉を増やすことは、一朝一夕《いっちょういっせき》にはできません。アメリカのプロフットボールの選手ですらトレーニングと厳しい栄養管理を重ねても、月に1キログラムの筋肉を増やすのがやっとといわれているほどです。

もし、トレーニング期にたんぱく質不足になると、トレーニング中に筋肉けいれんが起こったり、筋肉痛や疲労が早目にでてきます。この段階でたんぱく質の不足に気付かずにトレーニングを強行すると、運動性貧血といった病的症状になることが疑われます。

スポーツの種目や年齢によっても異なりますが、筋肥大《きんひだい》を目指す場合、1日体重1キログラムあたり1・5～2・5グラムとる必要があります。

「筋肉づくりの食事」とは

食事というのは単に空腹を満たすという生理的な充足にとどまらず、くつろぎのひとときでもあります。「美味しさ」とか「好き嫌い」といった個人的な欲求を満たしながら、運動選手として食事に合理性を求めるとすれば、かなりやっかいなこととなります。

しかし、何をどの位食べたらよいかということの前に、もう少し大枠で、考えてみようと思います。

食事量のバランスを保つには

体重の増減のない普通の生活をしている人では

食事量＝基礎代謝量＋運動量　…（A）

注・運動量は生活労作でほぼ定量

筋肉を増やしたい運動選手では

食事量＝基礎代謝量＋運動量＋筋肉増量　…（B）

注・運動量は生活労作と運動労作の合計

の二式を成り立たせる必要があります。

しかも運動選手の運動量は、普通の人に比べてはるかに大きい点にも注意して欲しいと思います。筋肉を増やすためには、競技のトレーニングプラス筋力トレーニングをすることになりますから、運動量はそうとう増えます。

そして運動選手が筋肉増量する時の材料はたんぱく質です。運動選手の食事量の式（B）では、筋肉増量分は「たんぱく質で増量」と置き換えるとわかりやすいでしょう。

ここで問題となるのが、実際の食事で**たんぱく質だけ増量するのはとてもむずかしい**、という点です。**表5**（P54）を見てもらうと、**たんぱく質と同時に脂肪もとってしまうことになりかねない**ことを理解していただけると思います。

注・（B）式には年齢、性別、運動種目、トレーニング方法などの条件を考慮する必要がありますがここでは単純に筋肉づくりに焦点をしぼっています。

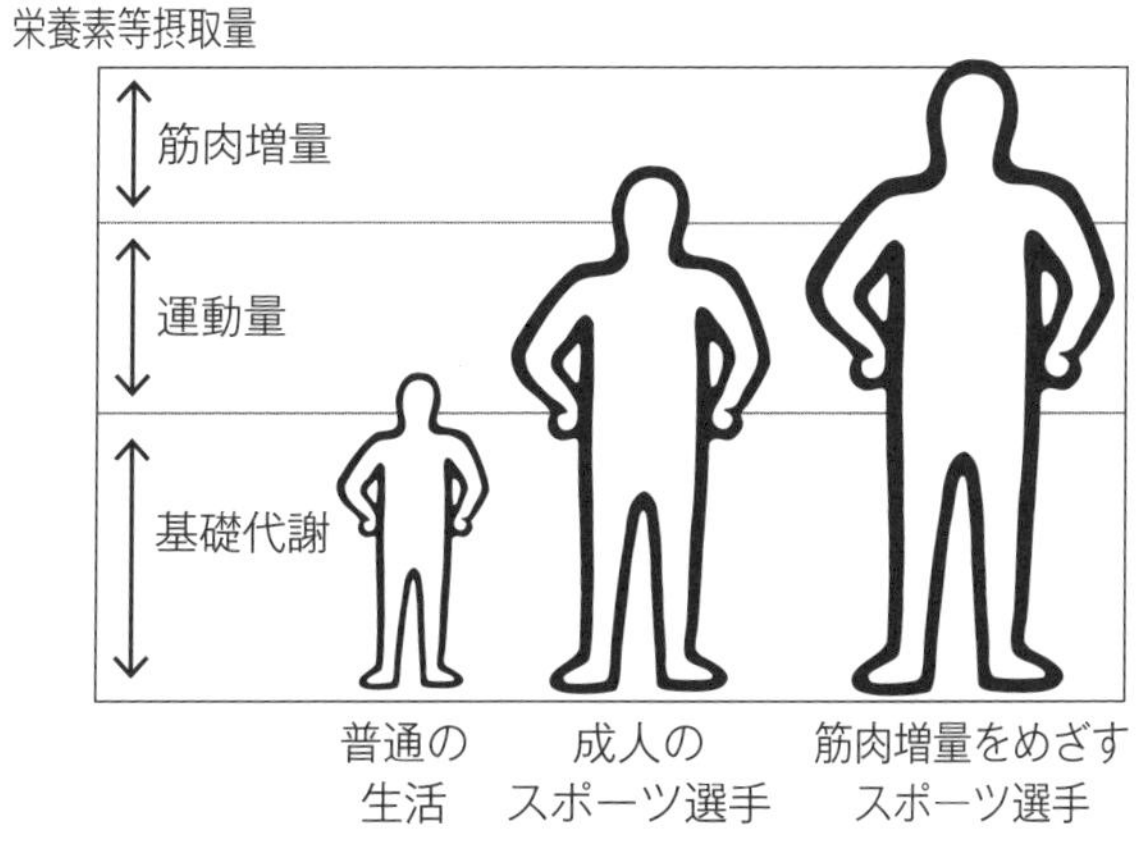

摂取すべき栄養素等の量を比較したイメージ図です。

図8　栄養素等摂取量の考え方

たんぱく質とは

人体の50〜60パーセントは水分ですが、それを除いたおよそ半分、約20パーセントはたんぱく質で構成されています。たんぱく質は、筋肉、血液、臓器、皮膚、髪、爪など身体を構成する主成分であり、生命活動の根幹をなすもので、生物が生物としての機能をはたす上で最も重要な役割をしている化合物です。

糖質と脂質は少し似ているが……

①三大栄養素のうち糖質、脂質の構成元素は炭素C、酸素O、水素Hと3種共通であるのに対し、たんぱく質は他に**窒素《ちっそ》N（硫黄《いおう》Sも微量《びりょう》に）を含む**ことが根本的に異なります。

②糖質と脂質は体内での代謝にやや類似性《るいじせい》がありますが、**たんぱく質は吸収、代謝、排泄などあらゆる面で著《いちじる》しく異なっています。**

たんぱく質は、化学的には「**アミノ酸が多数結合した高分子化合物**」と定義できます。やさしくいい換《か》えると、「非常に多くのアミノ酸が結合してできたもの」で、そのアミノ酸の種類と量によって性質が異なったものになります。たんぱく質は、分子量が数千から数百万まで、さまざまな大きさのものがあります。

たんぱく質を組み立てるアミノ酸の種類は約20ぐらいです

このうち体内でつくることのできないアミノ酸を**必須《ひっす》アミノ酸**といいます。ヒトでは図9に示した9種類が必須アミノ酸です。

必須アミノ酸は食べものからとらなくてはなりません

ヒトのたんぱく質は20種類のアミノ酸から組み立てられ、バリン、ロイシン、イソロイシン、スレオニン、メチオニン、リジン、フェニルアラニン、トリプトファン、ヒスチジンの9種類は体内でつくることができないため、どうしても食べものとしてとり入れなければなりません。ですから、これらの必須アミノ酸を比較的豊富にしかもバランスよく含んでいるたんぱく質が、栄養価の高いものとされます。

体内で合成できる非必須アミノ酸としてはグルタミン酸、アルギニン、システイン、グリシンなど11種があります。

ロイシン	スレオニン
イソロイシン	フェニルアラニン
バリン	トリプトファン
メチオニン	リジン
ヒスチジン	

図9　必須アミノ酸

アミノ酸スコアはたんぱく質の栄養価のものさし

必須アミノ酸がバランスよく含まれているかどうか、を示す用語として、**アミノ酸スコア**、または**アミノ酸バランス**があります。たんぱく質の栄養効果を大きく左右するものです。人体にとって理想的なアミノ酸バランスは国際機関によって定義されています。このアミノ酸評点パターンと比較して、相対的に少ないアミノ酸は、それが含まれているたんぱく全体の栄養価を制限します。

アミノ酸の水桶《みずおけ》

わかりやすくするため**図10**を載せました。その食品のなかで最も低いアミノ酸を一番背の低い桶板《おけいた》にたとえます。桶に水を入れるとして水の入る量は一番低い桶板の高さまでで、それ以上はあふれ出てしまいます。**図10**ではリジンの桶板が一番低いので、栄養価はリジンが制限します。

一般的に動物性たんぱく質はアミノ酸バランスがよく、植物性たんぱく質のアミノ酸スコアは低いとされます。精白米、小麦ではリジンが最も少なく、アミノ酸スコアは精白米61%、食パン44%です。しかし、穀類は、リジンが豊富な動物性食品や豆類といっしょに食べることで、必須アミノ酸のバランスがよくなります。

卵はアミノ酸スコアが１００%で、たんぱく質のなかで最もアミノ酸バランスがよいとされています。

栄養価を高めるためには

筆者は、昼ごはんにめぼしいおかずがないときは、「納豆たまご掛けご飯」で対応します。リジンが少ないご飯のアミノ酸バランスを納豆で補い、卵でパーフェクトにする、という思想？です。アミノ酸には補足効果ということがあり、必要なアミノ酸を、時間をおいてバラバラにとっても十分なたんぱく質の合成ができないのです。

新体操など審美系《しんびけい》スポーツで**食事の総量がきびしく制限されている場合は、特にアミノ酸バランスを考えた食事にする必要があります**。選手の皆さんも、アミノ酸バランスをアップさせるような、オリジナルパターンを編《あ》み出すとよいでしょう。

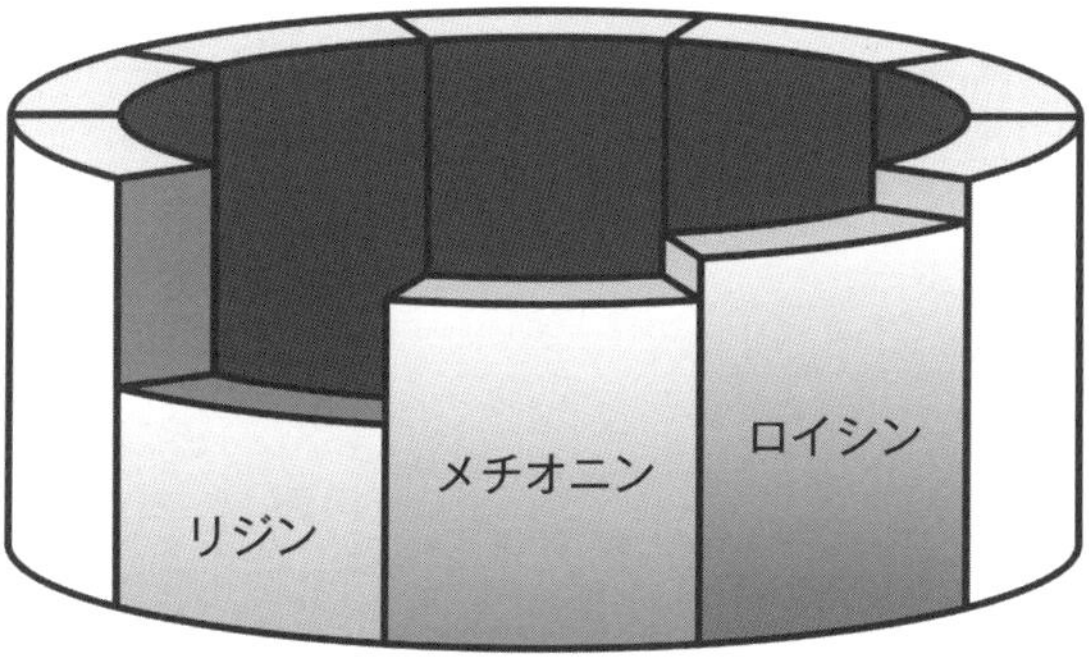

図10　必須アミノ酸の水桶（仮モデル）

たんぱく質、からだづくりの最も基本的な成分

　食事からとったたんぱく質はアミノ酸に分解されて、主に小腸で吸収された後、体の各部位で必要なたんぱく質に再合成されます。

たんぱく質は、筋肉や臓器など体を構成する要素（**①構造タンパク質**）として非常に重要なものであるばかりでなく、酵素やホルモン、免疫物質などとして、さまざまな機能（**②機能性タンパク質**）をになっています。左に、もう少し詳しくその働きを述べてみます。

①構造タンパク質

（１）細胞や組織（筋肉や内臓、血管など）を構築《こうちく》する。

（２）結合組織（腱《けん》、靱帯《じんたい》）骨、などを構成する。

（３）皮膚、ツメ、毛髪などを構成する。

　生体の水分を除いた重量の半分以上はたんぱく質です。生体の構築材料として、筋肉以外では、ケラチンというたんぱく質はツメや毛髪を、コラーゲンは結合組織全体に分布、腱や靱帯にも多く存在し、また骨の材料となります。筋肉はミオシンとアクシンという収縮たんぱく質から構成されます。

②機能タンパク質

（１）酵素タンパク・唾液《だえき》、胃液、膵液《すいえき》として食べものを分解するだけでなく、体内での合成分解すべての化学反応を推進する。
（２）ホルモン・さまざまな内分泌機能をもち生体の恒常性維持に関与する。
（３）血液タンパク・血中脂質の運搬ほか。
（４）収縮タンパク・筋肉に存在する。
（５）血色素・赤血球成分。
（６）抗体・免疫グロブリンほか。
（７）乳タンパク・母乳中のカゼイン。
（８）色素タンパク・皮膚や毛髪のメラニン。

ポイント　**たんぱく質は身体を構成している細胞の原形質の主成分であり、生物が生物としての機能をはたす上で最も重要な役割をしている物質。**

食品名	たんぱく質含量（%）
イモ類	1～2
牛乳	3
白米	6～7
小麦粉	8～12
卵	13
豚肉	12～17
牛肉	17～21
鶏肉	21～25
貝類	10～20
魚類	16～25
大豆	33～39

表4　食品可食部のたんぱく質含量

食品名	たんぱく質（%）	脂質（%）
牛もも	20.7	10.7
豚もも	22.1	3.6
トリムネ皮付	19.5	17.2
トリムネ皮なし	24.4	1.9
鮭（サケ）	22.3	4.1
鰹（カツオ）	25.0	6.2
牛乳	3.3	3.8
豆乳	3.6	2.0
タマゴ	12.3	10.3
もめんどうふ	6.6	4.2

表5　たんぱく質含量と脂質含量（100ｇあたり）

たんぱく質を上手に摂取するためには

たんぱく質の多い食品を選ぶセンス

日ごろ食べている食品には、量の多少はともかく、大体のものにたんぱく質が含まれています。しかしたんぱく質含有《がんゆう》の程度には大きな差がありますから、よく学習して栄養素のおおよその含量を知ってください。

食事というものは必ずしも栄養摂取だけが目的ではないので、ある程度自由な選び方をするのが自然ですが「筋肉づくり」を目指す人にとってはたんぱく質の多い食品（またはメニュー）を選んでいこうとするセンスが必要です。

表４では比較的毎日食べている食品類のうちたんぱく質含量を上から順に（低い→高い）並べてみました。たんぱく質を多く含む食品には肉、魚介類、卵など動物性食品と、大豆製品、穀類など植物性食品があります。

「美味しい」魚や肉には脂肪が多い

表５ではたんぱく質含量と脂肪含量の割合を示しています。注意してもらいたいのは、たんぱく質を多く含む食品は、同時に脂肪も含んでいる場合が多いという点です。これは、望んでいるたんぱく質以上に多量の脂肪をとってしまう結果になりかねません。一般的に「美味しい」といわれている肉、魚類はいずれも高い脂質を含んでいることがわかります。

つまり、私たちが「美味しい」と感じるのはほとんど脂肪の味であり、逆にいえば、たんぱく質そのものはそれほど美味しいものではないともいえます。

スポーツとは関係がありませんが、美食家がおおむね丸型、肥満型であるのは彼らが多脂肪食であることを証明しています。

純品《じゅんぴん》がないたんぱく質食品

ところで糖類や脂肪には商品としてほぼ純品に近いものがいくつかあります。砂糖、水飴、ハチミツなどは水分を除けば大部分、糖類ですし、バター、マーガリン、サラダ油などは脂肪分そのものです。ですからこれらの栄養分を補充しようとすれば簡単ですが、残念なことに、たんぱく質の純品に近い食品といえば、わずかに卵の白身くらいのもので(卵黄は3分の2が脂肪)、あとは鶏のヒナ肉から皮をとり、その水分を除いたものがたんぱく質94%くらいとなります。さらに卵白もヒナ肉も、味付けせずにそれだけをおいしくたくさん食べるのはかなりやっかいです。

プロテインパウダーの併用

プロテインパウダーはおよそ80~90%のたんぱく質を含み、簡単に水に溶けるので、ほぼ必要とするだけのたんぱく質を特別に調理することなしに摂取することができます。

筋肉づくりが最も重要であるボディビルダーやプロフットボール選手のためにアメリカで開発されたものです。

筆者がアメリカでプロフットボールの選手と面談した際、食事上の注意点を聞いたところ「美味しい肉の多食をさける、脂肪の少ない鶏や魚をとる、プロテインパウダーを併用する」などを強調していました。

余談ですが、「シーズンオフ終了前に、皮下脂肪量を含めた身体チェックがあり、その数値いかんが契約更新に影響する」と彼は話していました。

フィラデルフィアのレストランで、食べにくそうにしながら、大皿に載《の》ったカレイのムニエルと格闘する彼の姿は、とても印象に残っています。

筋肉を増やすメニューの基本的な考え方

専門の管理栄養士がいる環境にあればその栄養士さんが考えるメニューに従えばいいわけですが、そういう人ばかりではありません。

たんぱく質が一日あたり何グラム必要であるといわれても、では何をどのように食べるかということになると実際問題として、相当やっかいです。かなり訓練しないと、個人が正確な献立を立てることはできないと思います。

ガイドブックの利用

たとえば、いろいろなメニューについて栄養成分が記入されたものとして、女子栄養大学が『毎日の食事のカロリーガイド』、『外食・コンビニ・惣菜《そうざい》のカロリーガイド』など出版しています。そういう本を参考にして少しずつどんなメニューだと何がどれぐらいとれるか、覚えていくのもよい方法でしょう。

ここでは基本的な考え方を述べるにとどめたいと思います。

メニュー		キロカロリー	タンパク質g	タンパク/カロリー%	備　考
カレーハウスCoCo壱番屋	海の幸カレー	869	29.7	13.7	普通盛りライス300g
吉野家	牛丼（並）	674	20.4	12.1	
はなまる	塩豚ネギうどん（小）	414	19.0	18.4	
イタリアントマト	黒毛和牛100%ポロネーゼミートソース	543	22.0	16.2	
リンガーハット	長崎ちゃんぽん	632	24.4	15.4	ヤサイ255g　めん200g
フォルクス	ハンバーグワンダフルセットランチ	685	34.1	19.9	ごはん、サラダなどはサラダバーなのでカロリーから除いてあります
さぼてん	特選やわらかヒレカツ定食	756	35.2	18.6	ごはん180g、豚100gすりごま、ソース、デザート除く
牛たんねぎし	ねぎしセット	634	22.2	14.0	麦めし、テールスープ、とろろ、お新香　477キロカロリー
モスバーガー	モスチーズバーガー＋カフェラテ＋こだわり農家の大根サラダ	551	22.9	16.6	
京樽	海鮮ちらし	583	25.0	17.0	ねぎとろ、卵、マグロ、サーモン、いか、いくら、海老
大戸屋	サバの炭火焼定食	900	37.0	16.4	ごはん180g、さば160g
マクドナルド	ビッグマック（単品）	557	25.5	18.3	1個225g
杵屋	かつ丼定食	906	28.5	12.3	ざるうどん、かつ丼、漬物
南国酒家	五目あんかけ焼そば	821	41.6	20.3	
サイゼリア	サラミとパンチェッタのピザ	592	29.9	20.2	

（外食のカロリーガイド　香川芳子監修　女子栄養大学出版部）

表6　主な外食メニューのカロリー＆たんぱく質含量

◆筋肉を増やしたいときの注意点

①食事はきちんと一日3回以上。朝、昼、夕ともに栄養のバランスに気を使う。特に成長期の子どもは3食の量が均等であるよう留意して食事してください。筋肉を肥大させたいときは、一回の食事量が多くなりすぎないように気をつけます。夕食での「糖質、脂肪の過剰摂取《かじょう》」は脂肪の蓄積を増加させることを忘れないように。

②食事ごとのたんぱく質量を十分に。筋肉が増大するスピードはとてもゆっくりとしたものです。運動という筋肉への刺激、ホルモンやビタミンなど体の調節機構がうまく働く、筋肉の原料となるたんぱく質が途切れることなく補給される、以上の3つがそろうことが条件です。アメリカで面談したプロフットボールの選手は「食事での不足分は食間にプロテインパウダーで補う」と話していました。

③好き嫌いのコントロール。誰でも自分の好きなものを食べたいと思うのは自然なこと、しかし筋肉づくりに励んでいる人は、好き嫌いのコントロールをしなければなりません。そして自分の好みの食べものがどんな栄養素をどのような割合で含んでいるかをよく知っておく必要があります。

例えば、マグロが好物として、赤身とトロのたんぱく質の含量はあまり変わらないとしてトロのほうは25パーセントも脂質を含んでいるということを承知しておくといった意味です。ＤＨＡやＥＰＡが豊富で、ビタミン、ミネラル（特に鉄）も多いことなどを念頭におき、トロや中トロは脂も多いから少しだけにして、好物にありつけた喜びをしみじみ味わいつつ、それとは別の高たんぱくで脂肪が控《ひか》えめな食品をとる……といった方法です。

④糖質をきちんととる。もし必要なエネルギー量に比べて糖質の摂取エネルギーが少なすぎると、筋肉増量を目的として食べたたんぱく質食品がエネルギー源として使われることになります。食事の中にきちんとご飯、パンなどの糖質食品をカロリーの半分くらい組み込むことが必要です。

たんぱく質の摂取に、シーズンオフはない

シーズンオフ

筋肉づくりにシーズンオフはありませんが、スポーツ種目によっては季節的に運動量が減ることがあります。たとえばスキー選手の夏とか、野球選手の冬です。どの選手もそれなりにトレーニングを継続していると思いますが、実際にはシーズン中よりは少ないエネルギー消費になっているのがふつうです。

これはオフシーズンが主として基礎体力づくりを目指すスケジュールになっているため、割合ハードなプログラムではあるものの、それに費やす時間は短く、個人が感じるトレーニングのつらさほど運動量は多くないケースがあるためです。

運動量が減れば一日分のカロリー摂取量を減らす必要があります

しかしたんぱく質の摂取量を減らすことは注意してください。もしカロリー量の減少と同じ割合でたんぱく質摂取も減らしてしまうと筋肉の発達が停滞しかねません。全カロリー中で占めるたんぱく質の割合は、むしろトレーニング期間であるオフシーズンこそ高めてやるくらいの気持ちを持ってください。

卵の白身

わかりやすい例として、鶏卵を使って考えてみることにしましょう。

下の表を見ると、卵中サイズ1個は78キロカロリーですが、卵白にはほとんど脂肪が含まれていないため15キロカロリーしかありません。しかし、たんぱく質は３・７グラムと全卵６・５ｇの約60％も含まれています。

シーズン中は1個の卵を食べていたのをオフシーズンには白身だけにして、黄身を残すようにすると、カロリーは大幅に下がるにもかかわらずたんぱく質は２・８グラム下がるだけで、しかも脂肪をとらずにすむという利点があります。しかし、これが実際、毎日できるかといえばちょっと現実的ではありません。

また普通の食品では卵の黄身と白身を分離するように、簡単にたんぱく質だけとり出すことができにくいというのがやっかいな点です。Ｐ56で触れたように糖質や脂肪と違って、たんぱく質には**純品**《じゅんぴん》がないのです。

余談ですが、私が最初にプロテインパウダーの設計をしたとき、マヨネーズなどの製造過程で、余剰《よじょう》として出た卵白の加工品、卵白粉も候補にあがりました。価格や吸湿性などの点で、はずされましたが……。

次にプロテインパウダーの話をしたいと思います。

全卵　中サイズ50g

	たんぱく質	脂質	全カロリー
全卵	6.5ｇ	5.7ｇ	78kcal
卵白	3.7ｇ	≒ゼロ	15kcal
卵黄	2.8ｇ	5.7ｇ	63kcal

表７

ザバスプロテイン開発物語

エコロジーとライフサイエンス

１９７０年代、私は明治製菓（当時）研究開発本部調査室に席を置いていました。「20年くらい先に会社が注力する分野」の調査を命じられましたが、まったく手がかりがありません。結局、米スタンフォード大学のシンクタンクに調査を依頼しました。もらった回答は「エコロジーとライフサイエンス」とあり、かなりアバウトなものでした。自分なりに「健康関連」と解釈しました。具体的なビジネスが何かはわかりません。

健康産業事業部

社内からマーケティング、デザイン、食品開発などの人材が集められました。わずか数人がデスクを並べる「健康産業事業部」が発足します。

食品会社ですからまず着手したのは健康食品でした。しばらくすると、元宣伝部の西原昭夫さんが「健康食品というのはイメージが暗くてダメだ。もっと明るいイメージの分野を目指そう」といいます。

皆さんはどう思われるかわかりませんが、健康食品の代表的なものとしてロイヤルゼリーなどがありますが、実際効《き》くかどうかはっきりしません。つまり疑問に思うものが多いのも事実です。そういうことを暗いと判断しての発言だったと思います。

努力の成果がはっきりわかるスポーツに特化した商品開発として「国内初のプロテインパウダー製造を目指す」と決まって、私がその設計担当をすることになったのです。

プロテインパウダーは、米国ではすでに製造され、日本に輸入もされていましたが、食味が悪くほとんど売れていませんでした。

高たんぱく質の工業製品

プロテインパウダーの原材料としては、植物性の大豆分離たんぱくと、動物性のたんぱく質、牛乳から分離したカゼインたんぱくがあります。卵白粉が候補からはずれたこと（P63）は先ほど述べた通りです。

大豆たんぱくは、低温で大豆から油脂をとり除き、さらにオカラを除いて、脱脂豆乳をつくります。これに酸を加えると沈殿します。この沈殿部分を乾燥したものが粉末大豆たんぱくです。（P68 図11イラスト参照）

これは、すでに製油会社が食品会社に供給していました。ハム、ソーセージの結着剤として、かまぼこ、ちくわなどの成型補助剤として、またミートボール、ハンバーグなどの保水剤としてなど用途は様々です。たとえば冷凍のハンバーグは肉だけを使うと温めるときにジュースが出てしまい身縮《みちぢ》みが起こりますが、植物たんぱくがそれを防ぎます。このように植物性大豆分離たんぱくには、加工を助ける様々な機能があるので広く使われていたのです。

カゼインたんぱくは生乳からチーズやバターなどを製造する過程でできるもので、

ニュージーランド・デイリー・ボード（酪農組合）の東京出張所から調達できました。

グロブリンとアルブミン

当時はバターなどの製造過程で余剰にできたホエイ（乳清）を沈殿させてグロブリン由来のたんぱく質をとっていました。この過程で再び、上澄み液（2回目のホエイ）が残りますが、その中に含まれるアルブミンは分離が難しく、ニュージーランドでは川に捨てていたそうです。

やがてそれは環境問題となって、工場では上澄み液（2回目ホエイ）＝廃液として、タンクローリーで遠くの牧場に運ばざるを得なくなります。牧場に撒《ま》いて捨てるわけですが、時間がたてば土壌生物に分解されて牧草の肥料になる、という理屈です。

東京出張所・所長からその苦労を聞いて「逆浸透膜《ぎゃくしんとうまく》を使ったらアルブミンが分離回収できるのでは」と提案してみました。日本はその技術が進んでいました。逆浸透膜のメーカーを紹介したりするうち、何とアルブミン由来のたんぱくをとり出すことに成功したのです。

自分や会社の利益には直接関係のないことですが、とても喜ばれた記憶があります。お金を使って捨てていたものから、新しい製品ができたのですから当然ですね。

プロテインパウダーの商品群には、最初販売したグロブリン由来のものに、後からアルブミン由来のものが加わりました。吸収の速度が違うので用途によって選んでください。

プロテインパウダーができるまで

開発に話を戻すと、入手した材料を使ってすぐプロテインができたかというと、まああのものができるまで数年かかりました。水に溶けにくい、まずい、など解決の難しい問題が数々でてきました。

水に溶けにくいものを水になじみやすい形にするには特別な製造装置が必要でしたが、工場で当時使われることなく遊んでいた「ホットケーキミックス」の製造装置が代用できることがわかりました。工場に出向いて、担当者に機械の運転技術改良を依頼し、微調整する、というような日々が続きます。

社内では、できた試作品を何度も試飲してもらいました。きびしい評価もありましたが、少しずつ改良が進みました。

製油会社やニュージーランド酪農組合との協力も必要でした。こちらがほしい材料に近いものを供給してもらうため、二人三脚で開発しました。たとえば、大豆たんぱくといっても、いろんな形状、構造があり、どうしたら水に溶けやすくなるか、メーカーに何度も試作品をつくってもらうわけです。それが一番大変でした。

プロテインの成分表示を見てもらうとわかりますが、たんぱく質だけでなく数種のビタミンも入っています。スポーツ選手に必要なもの、いっしょにとると吸収のよくなるものなど、何と何をどのくらい入れるか、そういうことすべてを考えて製品に落とし込んでいくことを設計といいます。１回飲むと１日の所要量（当時）３分の１がとれる、それを目安としました。

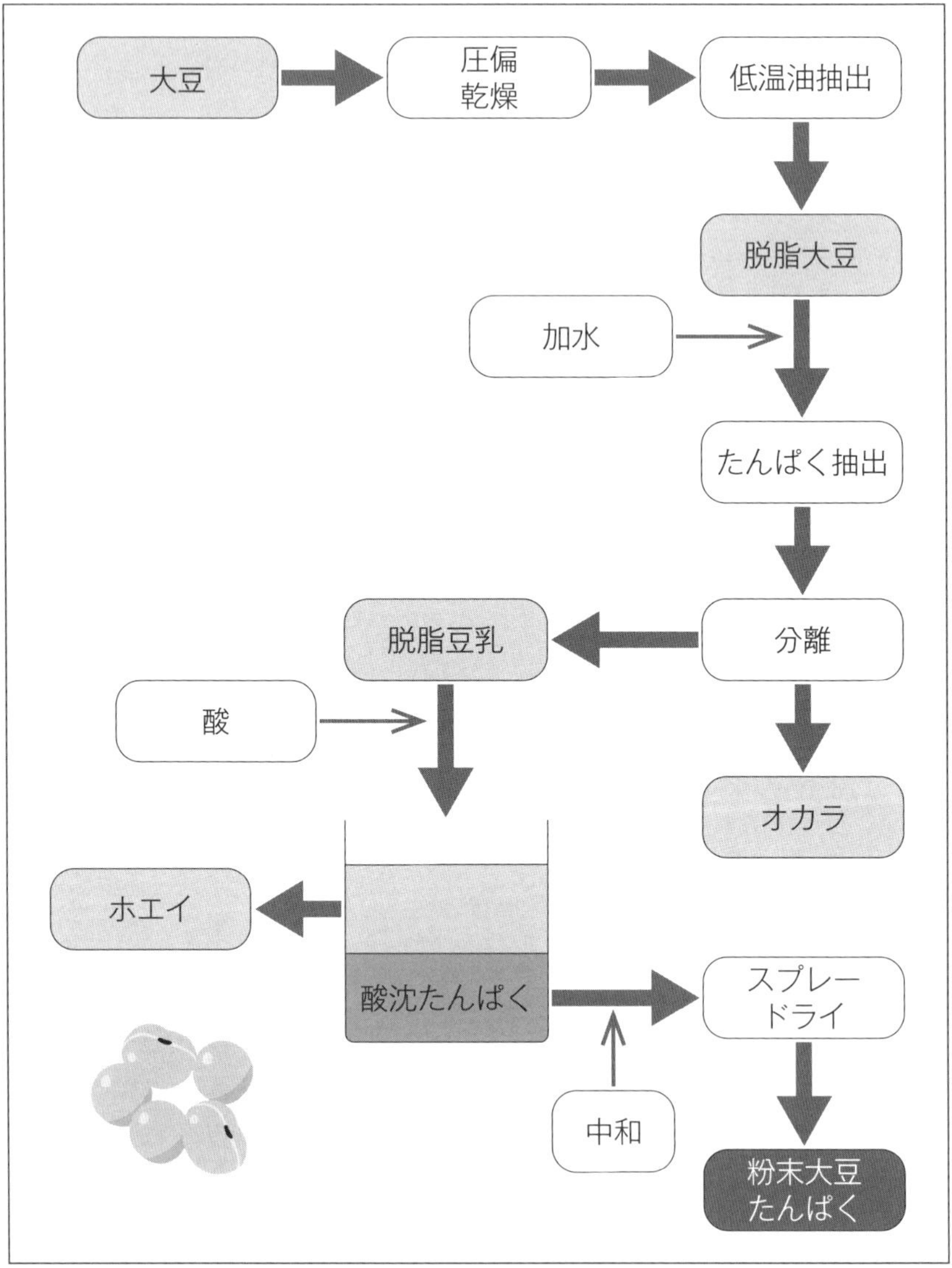

図11　大豆から大豆粉末分離パウダーができるまで

１９８０年、ザバス誕生

商品ロゴの「ザバス」が決まり発売開始です。

スポーツに旗は付きもの、染め抜きの旗は左右対称であることが必要なので、アルファベットの文字をいろいろ組み合わせて考えたのですが、そういう文字の並びのものはほとんど商標登録されていました。やむを得ず、頭のSを逆にひっくり返してZに近い文字として「ƧAVAS」となったのです。

宣伝部出身の西原さんがロゴ・デザインは大切だと主張し、グラフィックデザイナー松永真《しん》さんにお願いすることになりました。余談ですが、カルビー、スコッティなどのロゴも松永さんの作品です。

１９８０年、「プロテイン85」「デキストローズタブ」「ザバスC」「ジャームオイル」などの商品ラインナップで発売が開始されました。

当時は市民マラソンが盛んでした。ザバスの旗を立て、販促品を持って全国を飛び回りましたが、普及には時間がかかりました。当初は赤字続きで肩身の狭い思いをしましたが「全体からみれば（赤字額は）小さいから頑張って続けなさい」と中川赳《たけし》社長に応援してもらい、６年後にようやく黒字になったのです。

当時、栄養士の先生方には「たんぱく質は食べものからとるべきだ」との考えが圧倒的に強く、サプリメントに対する理解がなかなか得られませんでした。

ザバス・ニュートリション・ラボ

そういう中でも、葉書による栄養相談からスタートしたものが、「ザバス・ニュートリション・ラボ」と名づけた相談室の誕生につながったり、情報誌「ザバス」を発刊したりという流れで普及していきました。初期にはクレームもありましたが、「プロテインはもともとそんなにおいしいものではない」けれど、「スポーツマンにとってはとてもよいものだ」と理解していただけるよう説明しました。

またそれまで栄養士の仕事は、病院の厨房で調理師と協力して病人食を作るとか、給食の献立作成をするというイメージが強かったのですが、「スポーツ選手の食事指導」という新しい分野が開けたのです。

会社が「スポーツ選手の食事調査や食事アドバイス」との仕事内容で栄養士の求人募集をすると、かなりの数の応募があり驚かされたことを覚えています。

初期に採用した奈良典子さんは、私が「スポーツ栄養の考え方」を訓練した栄養士の一人ですが、アテネ五輪のとき柔道チームに同行しました。選手村近くのアパート一室を借り、日本から持ち込んだ食品や、現地マーケットで調達した食材で、試合前、選手の緊張した心をほぐしたと聞きます。それがアテネでの金メダルラッシュを支えたと思います。

会社には「スポーツ選手の食事や食べ方」に対する講演の依頼が次々と舞い込み、スピードスケート協会、バスケットボール協会、群馬県体育協会などで、選手の成績が向上するという小さな成功例が生まれました。

それとともにザバスの商品も成長していったのです。

コラム③

ボディビルダーの身体づくりの秘密

体脂肪を増やさず筋肉量を上げるには

ほとんどのスポーツマンにとって過剰な脂肪は大敵です。筋肉だけつけたいときは、一回の食事が多すぎないように注意しなければなりません。食べすぎれば余分なカロリーは、脂肪となってしまうと考えた方がよいでしょう。

その点、筋肉の肥大をその最大の目的とするボディビルダーの食事法は、大変参考になるものです。脂肪の少ない鶏肉や魚でたんぱく質をとることを心がけています。しかも三度の食事や間食でも、このことを常に気遣《きづか》っています。ですから、日常生活でたんぱく質の摂取が少ないときは、プロテインパウダーやタブレットを併用しているのです。プロテインパウダーは80～90％のたんぱく質を含み、簡単に水に溶《と》けるので手軽に利用できます。これに野菜とくだものを不足しないように配慮した食事が、ボディビルダーのおもな食事です。

スピードとパワーが身上のアメリカのプロフットボール選手も「肉類の多食は体脂肪を増加させ、ダッシュ力低下の一因ともなりやすい」という理由で、「魚、手羽やささみなど脂が少ない部位の鶏肉、プロテインパウダーなど併用して、トレーニングをしている」と話していました。

第3章

勝つための上手な食べ方（エネルギー編）

プロボクサーG選手の失敗

プロと呼ばれる人たちの中にも、食べものの食べ方が不適切であったため、大事な試合で思わぬ苦戦を強《し》いられたというケースがよくあります。

プロボクサーG選手が13回のタイトル防衛記録を樹立したときのエピソードを紹介します。判定勝利というきわどい結果にもつれ込んだ原因は何だったのでしょう?

ジュニアフライ級チャンピオンだったG選手はタイトルマッチ当日の体重計量まで、非常に厳しい食事制限を続けていました。そのかいあって計量は無事パス、胸をなでおろしたところで、試合に備えて腹ごしらえということになりました。食べたものは、ステーキ、甘鯛、うなぎ、サラダ、おじや、スッポンスープ、にがうりジュース……と公表されました。見事な食欲です。しかし、感心ばかりしていられません。

このメニューは、減量期の欲求不満を解消するようなものとなっており、たんぱく質が中心で糖質が最も少なくなっています。ここに問題があります。2章でも話したようにたんぱく質は筋肉をつくる上で、スポーツマンにとって大変重要な栄養素です。しかし、たんぱく質は主として身体づくりに利用され、激しい運動のエネルギーとして使用されるのには適さない性質をもっています。

これに対し、**糖質は消化吸収がはやく、激しい運動を支えるエネルギーとして最高のものです。**したがって、試合前のエネルギー補給には最優先で糖分をとるべきでした。

試合前のＧ選手のメニューは、筋肉づくりの時期には適したものであっても、残念ながら試合で戦うエネルギー源の補給としては不適当でした。即エネルギーとなる糖質の摂取が不十分では、不良燃料をタンクに入れたレーシングカーのようなものです。

どんなにすぐれた肉体でも、存分にその能力を発揮することはできません。苦戦を強いられたのは当然でしょう。

エネルギー源となる栄養素

図1（P27）に示したように運動する、しないにかかわらずエネルギー源となる栄養素は糖質（矢印は実線）と脂質（同実線）です。

たんぱく質がエネルギー源（同点線）として使用されるのは特別な場合に限られます。それについては後に述べます。（P89）

表8は1928年アムステルダム五輪マラソン選手が試合前、試合中にとった食事とゴール時の身体的状況を示したデータです。肉と卵をとった選手は苦戦を強いられているようです。歴史的な記録ですから参考までに見てください。

糖質はエネルギー専用の栄養素

図1をよく見ると糖質はエネルギー源というところにだけ矢印が向けられています。糖質はエネルギー専用の栄養素なのです。平均的な日本人は1日の食事から得られるエネルギーのうち50〜65パーセントを糖質からとることが推奨されています。

一方、脂質はエネルギー源だけでなく「ホルモンや細胞膜、核膜《かくまく》を構成する」、「皮下脂肪として臓器を保護し身体を寒さから守る」、「脂溶性《しようせい》ビタミンの吸収をうながす」などの働きがあります。食事からの摂取はエネルギー比20〜30パーセントが目標値とされています。

糖質が1g 4キロカロリーの発熱であるのに対し、脂質は1gあたり9キロカロリーです。脂質は単位あたりのカロリーが高いので、貯蔵に適しているともいえます。

氏名	血糖値（mg%）	競走前の食事	競走中の飲食	到着時の体況
Yan Leenen（オランダ）	85	11時30分 食事	なし	概して良好、呼吸困難なし
山田（日本）	92	12時30分 米飯とメロン	砂糖入りレモン水	良好、第４位
津田（日本）	91	12時 適度の米飯	砂糖入りレモン水	良好、爽快、第６位
Torres（メキシコ）	55	11時 肉と卵（複数）	ココア	運動失調、強度の顔面蒼白 疲労はなはだし、脈拍急速 血圧85/40（走前110/60）
Henigan（アメリカ）	88	11時30分 肉と卵（複数）	茶とグレープフルーツ	やや呼吸困難
Miehelson（アメリカ）	53	11時30分 肉と卵（複数）	記載なし	著しく衰弱、顔面蒼白、 第９位 脈拍85、血圧105/75
Frick（アメリカ）	62	11時30分 肉とじゃがいも（複数）	1～2回 茶	やや蒼白、疲労はなはだし
De Mar（アメリカ）	99	11時30分 肉とじゃがいも（複数）	ミルク 1杯	概して良好、疲労大 きわめてゆっくりとしたスピードでゴールイン
Sfeyer（南アフリカ）	99	11時30分 適度の食事	頻繁に茶	良好

注）マラソンのスタートは午後３時、採血は到着後5～20分以内に行った。
（参考文献）特殊栄養学講座４．スポーツ・労働栄養学
山岡誠一、沼尻幸吉、医歯薬出版　1976年

表８　オリンピック（1928年）出場マラソン選手の状況

糖質の重要性

人間エンジンの燃料

人間は眠っていても心臓、動脈、脳などは休みなく働いており、何よりも体温を一定に保つため相当量のエネルギーが必要です。母親の胎内で生命がめばえてから死ぬまで人間エンジンは動き続けます。このエンジンの燃料として最も適しているのが、糖質と考えてよいでしょう。どんどん食べて次々と消耗されていく栄養素といえます。

脳のエネルギー源はブドウ糖だけ

人間の臓器のうち、脳、動脈、目の角膜や水晶体などはエネルギー源として**グルコース（ブドウ糖）**しか利用しません。しかもこれらの臓器はグルコースを貯蔵できないので、時々刻々と血液によってグルコースとして運ばれてくる必要があります。

脳のエネルギー消費量は1日400～500キロカロリーにもなるといわれています。これは1日100～125gの糖質が必要となる計算です。

血液中のグルコース濃度はほぼ一定の値、血液1dℓあたり80～100㎎に保たれています。血液中のグルコース濃度を血糖値といいます。

お腹がすくというのは、血糖値がやや低くなったという信号ですから、甘いものが食べたくなる傾向があります。そのとき食べずにいて血糖値が低下すると、脳は十分に機能を発揮できなくなり、集中力や記憶力が低下します。

糖質とは何か

激しい運動のエネルギー源は糖質が主役です。（P84）

ここで糖質という用語について少し説明しておきます。

糖というと砂糖を連想するので、糖質とは甘いものというイメージを持たれるかもしれません。しかし栄養学でいう糖質はもっと広い意味で使われています。ここでは、ヒトでは消化吸収されずエネルギーにならない食物繊維は別にとり扱うこととし、**炭水化物、含水炭素、糖質、糖を同じ意味で使う**ことにします。

糖質を多く含む食品

糖質は、ご飯、パン、穀類などの主食、いも類などで、でんぷんが多く含まれています。また、砂糖や果糖などの甘いものも糖質に含まれます。

参考までに**表9**に、食品100グラムあたりの糖質含有量を示します。水分を多く含んでいるものは一見すると糖分が少ないように見えますが、表の無水分中糖質割合というところで見てください。ハチミツ、サイダーなどはほとんど糖質だけの食品ということができます。

消化吸収の時間に違いがあるので、特に試合前の食事など、場面に応じて、糖質の種類を使い分ける知識が必要となります。その前提として、糖質の化学をおおまかに理解しておくと役立つと思います。

食品名	水分（%）	糖質（%）	無水物中糖質割合（%）
砂糖（グラニュー糖）	0	100	100
水あめ	15	85	100
ハチミツ	20	79.7	99.6
飯	65	31.7	90.6
食パン	38	48	77.4
うどん	76.5	20.3	86.4
餅	44.5	50.1	90.3
さつまいも（蒸し）	68	29.2	91.3
じゃがいも（蒸し）	78.1	18.6	84.9
塩せんべい	5	83.5	87.9
カステラ	27.9	61.8	84.6
アンパン	35.5	55.3	85.7
チョコレート（スイート）	1.2	59.4	60.1
ハードビスケット	2.5	76.7	78.7
マシュマロ	18.5	79.3	97.3
キャラメル	8	75.4	82.0
ショートケーキ	31	48.3	70.0
リンゴ	85.8	13.1	92.3
オレンジジュース（果汁40%）	87.8	11.8	96.7
サイダー	90.8	9.1	98.9
コーラ	89	10	90.9

表9　糖質を多く含む食品（食品100gあたり）

糖質の化学―高分子、低分子

「糖質を多く含む食品は？」と聞くと誰でもすぐに「餅、さつまいも、パン、飴……」などいろいろな名前をあげることができると思いますが、糖質を正確に理解するのは割合やっかいだと思います。

糖質が炭素、水素、酸素を含んでいることは（Ｐ48）お話ししましたが、これらの元素の割合がちょうど炭素と水が結合したもののようになっていて、

ブドウ糖の分子式$C_6H_{12}O_6$　は　**6C（炭素）＋ $6H_2O$（水）**

と書き換えることができます。**炭水化物、含水炭素**と呼ばれる理由です。

表26（Ｐ245）で糖質のところに、**高分子とあるのは、でんぷん**の説明です。ご飯、パン、いも類などの主成分で、一般に、ブドウ糖が数千～１万個ぐらいつながった巨大な分子です。筋肉中に存在するグリコーゲンに相当します。

これに対し**低分子というのは、砂糖や果糖、ブドウ糖など水に溶けやすく、食べると甘いものを**いいます。

高分子のものも低分子のものも、消化吸収されグルコースとして血液に入るのは同じです。あえて分けたのは、**でんぷん質が消化吸収されるまでかなりの時間を要する**のに対し、**低分子のものはきわめて速《すみ》やかに吸収される**という違いがあるからです。低分子のものは、

運動の直前や途中にエネルギーを補給したり、強い空腹感のあるとき回復をはやめるのに使うと有効です。糖質は次のように分類されます。

糖質—おおまかな分類

単糖類

●ブドウ糖：グルコース
●果糖：フルクトースともいう。糖の中で最も甘い
●ガラクトース：ブドウ糖と結合して乳糖《にゅうとう》に含まれる、神経細胞に必須の成分で脳神経が発達途上の乳児には欠かせないため、脳糖《のうとう》とも呼ばれる

二糖類

●ショ糖：砂糖のこと、ブドウ糖と果糖が結合したもの。果糖の次に甘い
●麦芽《ばくが》糖：ブドウ糖が2つ結合したもの、水飴に多く含まれる。砂糖の半分以下の甘さ
●乳糖：牛乳、母乳に含まれる。ブドウ糖とガラクトースが結合したもの。砂糖のほぼ3分の1の甘さ

三糖類など

●フラクトオリゴ・ガラクトオリゴ・デキストオリゴなど

多糖類……甘くない

●デキストリン：でんぷんを加水分解したもの、ほとんど甘味がない
●でんぷん：ブドウ糖が数千個以上連なったもの。水に溶けるものと溶けないものがある

●**グリコーゲン**：動物でんぷんと呼ばれることもある。**でんぷんによく似た構造でブドウ糖が多数結合したもの。**主として動物の**筋肉、肝臓に存在**

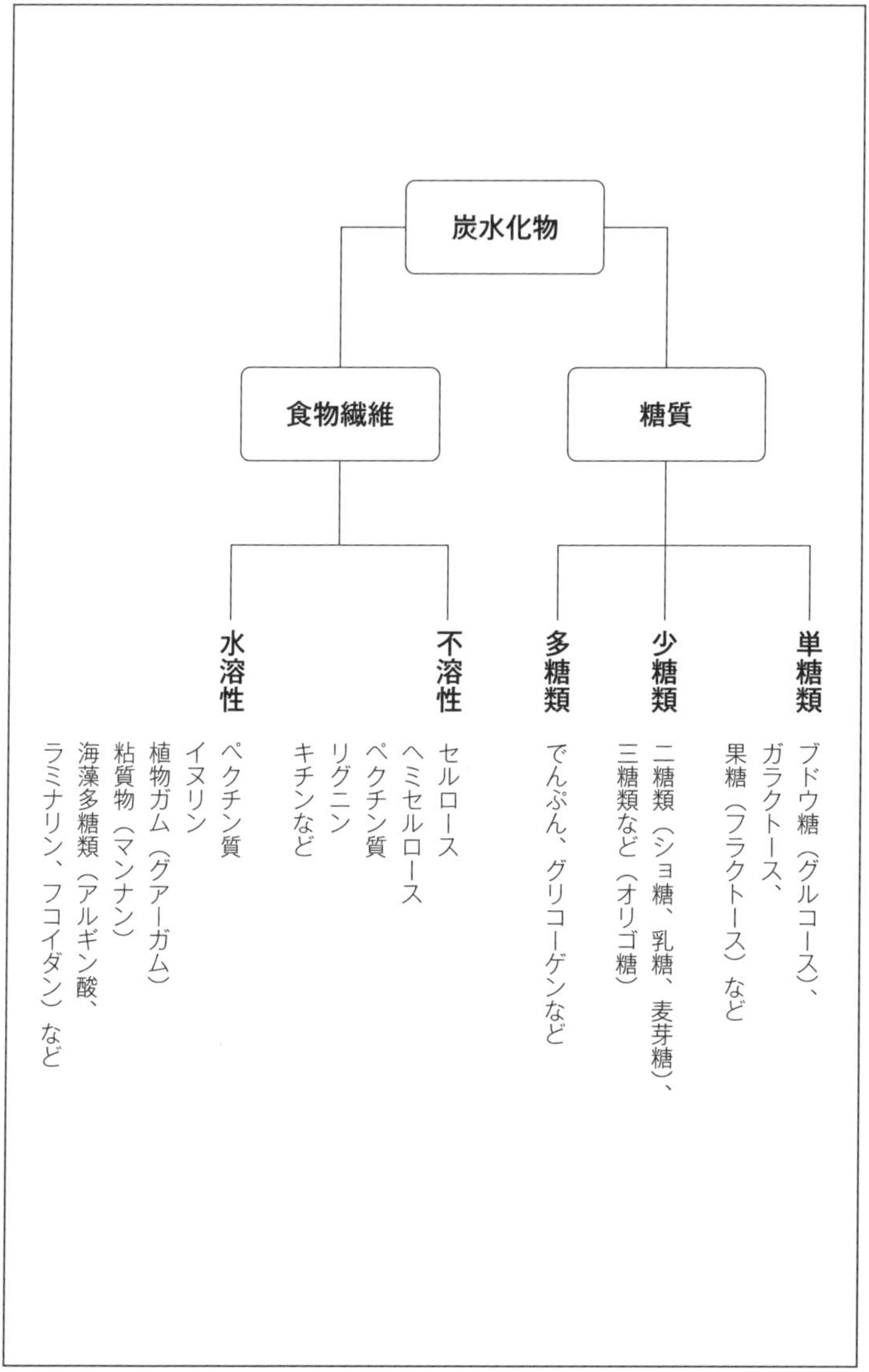

表10　炭水化物の分類

人体内に存在する糖質
血液・血糖（グルコース）として、血液濃度の0.7～1.2％、血液中数グラム。
筋肉・グリコーゲンとして筋肉重量の約2％。運動によって増減。
肝臓・グリコーゲンとして最大約7％。
全身・成人での糖質含量はブドウ糖に換算して200～300グラム程度。

運動の激しさとエネルギー源

運動のエネルギー源となる栄養素は糖質（筋肉中のグリコーゲン）と脂質ですが、**この割合は運動の激しさ（正確には呼吸の激しさ）で変わってきます**。同じエネルギーを発生させるのに糖質と脂質を比べると、糖質はおよそ7％酸素が少なくてすみます。また、最大呼吸に近づく、つまり酸素の供給が間に合わないときでも、糖ならば酸素がなくてもある程度のエネルギーを発生することができます。

運動の激しさによって消耗する成分については、サルティンらによる推定値があります。（**図12**）この図によると、酸素摂取量が毎分3ℓ以上になると脂肪はほとんど使用しなくなり、これを超えるとグリコーゲンの不完全燃焼で乳酸を生成することになります。この状態で運動を長く続けることはできません。

実際の運動では呼吸が変動しますから、レースのようにはなりません。種目にもよりますが、身体能力の向上を目指すようなトレーニングではある程度の無酸素運動が繰り返されますので、グリコーゲンだけでなく血糖もかなり消費されます。

つまり糖質がもっとも使われますので、運動終了時に補給しなければならないのですが、このときの食べものと食べ方には、十分な注意が必要です。

糖質の食べ方を間違えると体調不良の原因になります。（P177）プロ野球の選手で寝る前に甘いものを食べる習慣があり徐々に肥満体になった例もあります。

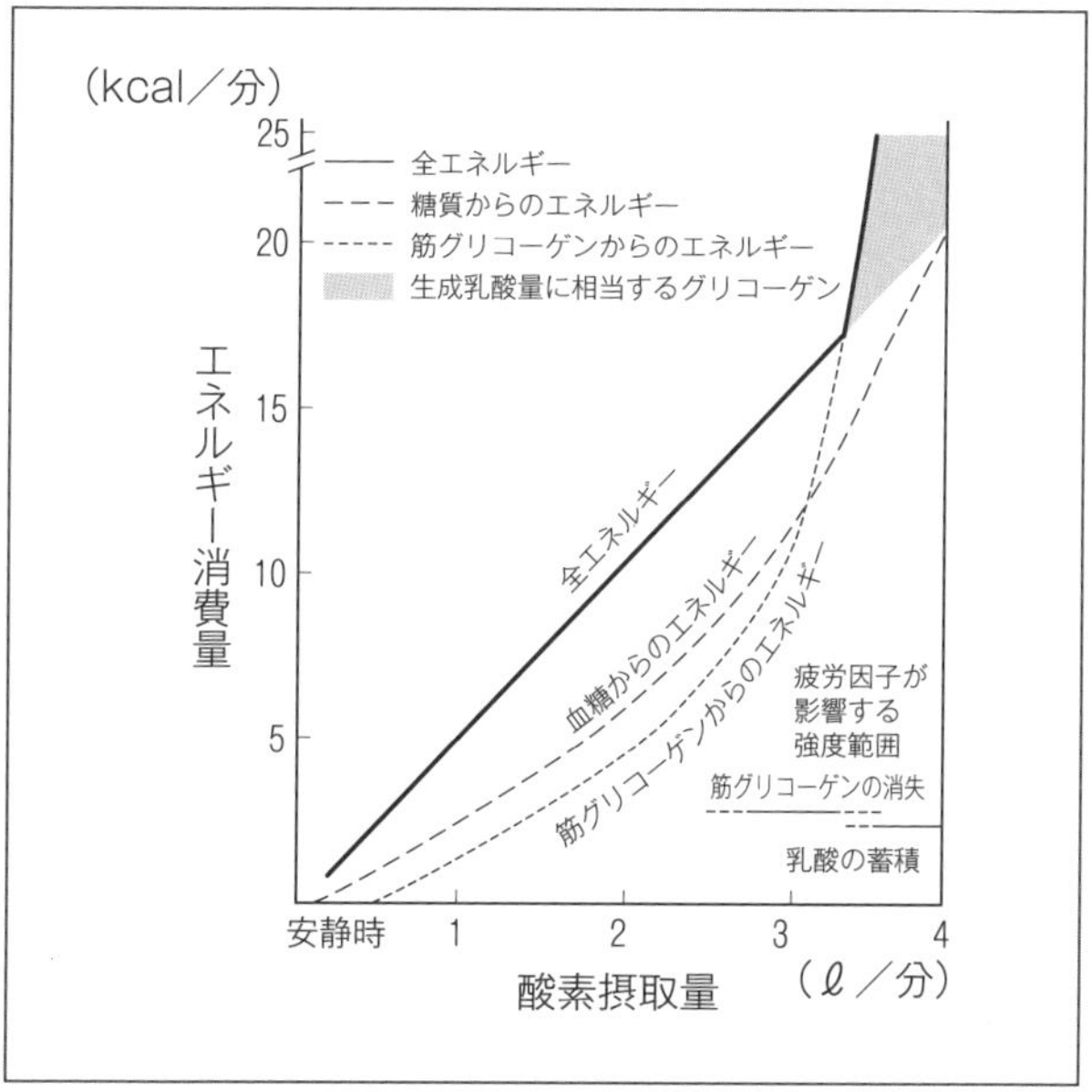

図12　運動強度と各種エネルギー源物質のエネルギー供給量の関係（Saltinらによる推定値）

グリコーゲンについて

血液中のブドウ糖（血糖）はもともと肝臓にあったグリコーゲンが分解されたものです。ホルモン（グルカゴン）の作用でおおむね血液1dℓあたり100㎎ぐらいの濃度になるようコントロールされています。

筋肉は血糖を少しずつ吸収して、徐々に蓄えていきますが、通常2％くらいになると飽和します。

筋グリコーゲンは移動できませんので、もっとも激しく運動した部位の筋肉のグリコーゲンが枯渇《こかつ》すれば運動能力は急激に低下します。

金足農高、吉田輝星投手の例

平成30年、夏の甲子園を沸かせた吉田輝星投手。詳しく調査したわけではありません。以下のことは、これまでの私の経験による推測です。

決勝戦当日、3、4回投げたときに足に違和感を覚えた、と語っていました。

私の推定では、下半身の筋グリコーゲンが減少してきたのでしょう。ピッチングでは足の筋肉に相当の負担がかかります。プロ野球解説で有名な金田正一氏が「ピッチャーは走れ、走れ」とさかんに述べておられるのは、理論はともかく自分の体験から、下半身のグリコーゲン保持力を高める重要性を訴えているのだと思います。

冬の秋田では、ボールを使ったトレーニングはあまりできないので、ランニングなどが主体の下半身が鍛えられるメニューが多くなると思います。逆に雪がなくなったグランドでは本来の野球練習となり、ピッチャーは投球主体に戻ります。そうすると相対的に下半身のトレーニングが減少して、グリコーゲンの飽和能力の向上が望めなくなります。

準々決勝、準決勝と一人で投げぬく吉田投手を、ＴＶ観戦しながら次の試合までにどうやってグリコーゲンを回復させていくのだろう、と心配しながら、でも楽しみに応援させてもらいました。トーナメント最終で、下半身グリコーゲンの枯渇を来たしたのではないでしょうか。

試合終了後から、少量ずつたびたび補給

高校野球大会などで、エネルギー消費の多いピッチャーの場合、完投した翌日またマウンドに登るようなときは、翌日に備えて夕食は消化のよい糖質を主体とし、肉や魚などのたんぱく質は普通の人の夕食程度にすべきです。そのうえ、完投すれば利き腕のグリコーゲンを使いはたしていますから、翌日の試合までに少しでも多く筋肉中にグリコーゲンを蓄えるための工夫が必要です。１回に多量の糖を食べても胃腸が疲れるだけなので、試合終了直後から少量ずつたびたび糖質の多い食品を補給するよう心掛けてください。

運動性低血糖

プリンセス駅伝２０１８で

平成30年10月21日、福岡県開催のプリンセス駅伝では、いろいろ考えさせられる事故が起こりました。２区では岩谷産業のR選手が足を痛めたようで、残り数百メートルを四つん這《ば》いになってタスキをつなぎます。

また３区では三井住友海上H選手が残り２キロとなってフラフラと蛇行《だこう》走行し、コースを間違えそうになる、など異常行動を繰り返したのです。ついにはリタイアしたのですが、解説では脱水症ではないか、と指摘していました。私は、肝臓のグリコーゲンが不足したため低血糖を起こし意識混濁に陥ったのではないか、と推測しています。通常90～１００くらいの血糖値が、50くらいのレベルに下がっていたのではないでしょうか?

アムステルダム五輪マラソン（P77）では、試合前の食事で、肉と卵を食べた３選手の到着後血糖値が55、53、62です。体況は顔面蒼白《そうはく》、衰弱《すいじゃく》、疲労はなはだしとなっています。

東大・宮下教室での実験

かつて私たちは、被験者に数日間の運動休止を命じて筋グリコーゲンを正常に保った状態にし、当日は朝食抜きで集合、午前10時から自転車エルゴメーターをスロー回転で３時間こぐ、という実験をしました。このとき15分ごとに採血して、数々のデータを作成したのです。

開始後、血糖は徐々に下がり始め、ある限度まで下がると被験者は約束を破って、こんなつらい実験には協力できないといって、自転車を飛び降りてしまいました。

低血糖状態で運動するのはきわめてつらいのです。

試合当日の食事はとれていたのだろうか？

駅伝というスポーツの特殊性で、R選手、H選手は自分の意思でリタイアできず、限界まで続けたのでしょう。特にH選手のようなケースでは、前夜と当日朝の食事が問題となります。脳の働きを維持できる血糖レベルは、肝臓のグリコーゲン由来のブドウ糖がコントロールします。糖質をきちんととって肝グリコーゲン量を高めておくことが必要です。

糖の新生

肝グリコーゲンが少ない状態で運動を始めて

もし肝臓のグリコーゲンが欠乏すると、血糖値が下がり始めます。限度を超えると肝臓では**脂肪やたんぱく質から糖を合成**します。これを**新生糖**といいます。

しかし、**新生糖をつくる能力は、安静時に血糖値を維持できる程度**です。

これは運動中の筋肉の糖消費には追いつかないレベルですから、駅伝を例にとると、選手は走ることができなくなり、意識朦朧《もうろう》となって倒れこむといった事態になります。

ポイント　肝臓のグリコーゲンレベルが低い状態で運動を始めてはいけない。

低血糖に近い状況を体験しておく

これは私からの提案ですが、駅伝やマラソンを走る選手の方は、安全な方法、たとえば伴走者が糖質の入った飲みものを持つとか、実験のようにエルゴメーターを使ってもよいですから、糖補給の周到な準備をした上で、低血糖、もしくはそれに近い状況を体験しておくとよいのではないでしょうか。低血糖の症状は、目がかすむとか、冷や汗が出るとか、個人差があるようです。ただ血糖が低くなるとこうなるという体験をしておけば、どこでストップしないといけないか自分でわかりますし、大会規定に反さなければ糖の補給もできます。

頭脳プレーの練習効果を高めるブドウ糖
―肝臓に蓄えられているグリコーゲン由来

サッカー、野球、バレーボール、バスケットボールなどチームプレー主体の練習期になると、練習時間が長くなるとともに、相当、頭脳を使います。チームプレーに限らずほとんどのスポーツで勝敗の最後の鍵を握っているのは頭脳プレーです。どんなに優《すぐ》れた技術や体力を持っていても試合の展開や相手の動きを読む明晰《めいせき》な脳の働きがなくては勝てません。プレー中の脳はけっこう多量のエネルギーを消費しているものです。

ところが**脳が使うエネルギーはブドウ糖に限られており、しかも脳自体はこのブドウ糖をまったく蓄えておくことができないので、時々刻々と血液に供給してもらわなければなりません。血液にブドウ糖を送りこんでいるのは肝臓のグリコーゲンです。**

しかし、激しい運動で大量にブドウ糖が消費された場合には、肝臓からのブドウ糖供給が追いつかず徐々に血液中の糖分（血糖値）が下がることがあります。こうなると脳の働きは少しずつ鈍《にぶ》り始めます。

チームプレー主体の練習も時間が長くなるだけに、似たような現象があらわれてきます。やむを得ず練習を続けるのであれば、練習途中で少量のブドウ糖など消化のはやい糖質の補給が必要です。

コラム④

記録の天井はどのように破られたか？

男子競泳自由形百mで世界初の50秒を切ったジム・モンゴメリー、スポーツメーカーアシックスが彼を日本に招待した折、直接、話を聞く機会をいただきました。

1973年の世界選手権で、百mと二百m自由形の金メダル2個を獲得したモンゴメリーですが、1975年の世界選手権では、百m自由形の銅一個に終わっています。泳いでも、泳いでも、自己新記録が出なくなったとき、彼は何を考えたのでしょう？　私はずっと疑問に思っていたことを聞きました。

「引退することは簡単で、いつでもできる。だったら、今までやったことのないトレーニングにチャレンジしてみようと考えた」と答えてくれました。「もう限界だ。競泳をやめよう」ではなく、「今までとは違った練習方法（注）を試みる」ことを選択したのです。

早速、当時の競泳では誰一人とり入れていなかった筋力トレーニングを開始します。すると、泳ぎに変化がでたのです。手ごたえを感じた彼は、さらに努力を重ね、翌1976年モントリオール五輪、百m自由形決勝で、当時『人類の夢』といわれた50秒を切ったのです。記録は49・99秒で金メダル。さらに四百mと八百mリレーメンバーとして、いずれも当時の世界新を記録し、米国に団体の金2個をもたらします。彼の競泳スタイルは強烈な8ビートのストロークにより「人間魚雷」と称されました。

注・初期は努力すれば徐々に能力が伸びるが、単一の手段では必ず記録の伸びが鈍化し頭打ちになる。そういう時、別の手段を試みるのもひとつのやり方である。

第4章

スポーツと水

運動選手にとくに必要な栄養素は何か？

見逃《みのが》されがちではあるが、最も大切な栄養素は「水」である。

なぜそれほどまでに「水」が重要なのか？

身体のおよそ60～70％は水である。

ある種のミネラルやビタミンが欠乏した場合、身体に影響が出るまでに時間がかかるが、
水が欠乏すると、1時間以内で競技成績に影響があらわれる。

水分は体温調節、栄養補給、血液量の調節など、身体の維持には欠かせない。

脱水症状は、身体のオーバーヒートの原因となる。

水分の欠乏は競技成績の低下につながり、
また過度に欠乏した場合、死に至ることもある。


（米オリンピック委員会ほか制作）

水はその存在があまりにも平凡であるためか、栄養学の教科書でも割合、簡単に取り扱われている、と筆者は感じています。スポーツ関係者の中にも、今さら水でもあるまい、と考える方も少なくないのではないでしょうか？　ここでは、**からだの中で水がどういう意味を持つ**か、「水のサイエンス」といったものを、図表を解説する形で説明してみます。

消化液	容量（mℓ）
唾液	500～1500
胃液	1000～2400
膵液	700～1000
腸液	700～3000
胆汁	100～ 400
計	3000～8300

表11　消化液の1日分泌量

運動するかどうかにかかわらず、消化管（P192の図参照・口から肛門まで）に分泌される液量を示しています。生きているかぎりどんな場合でも水分補給が必要なのです。意識混濁《こんだく》などで、自力で水が飲めないときなどやむを得ない場合は、静脈に点滴で補給しないと命にかかわります。

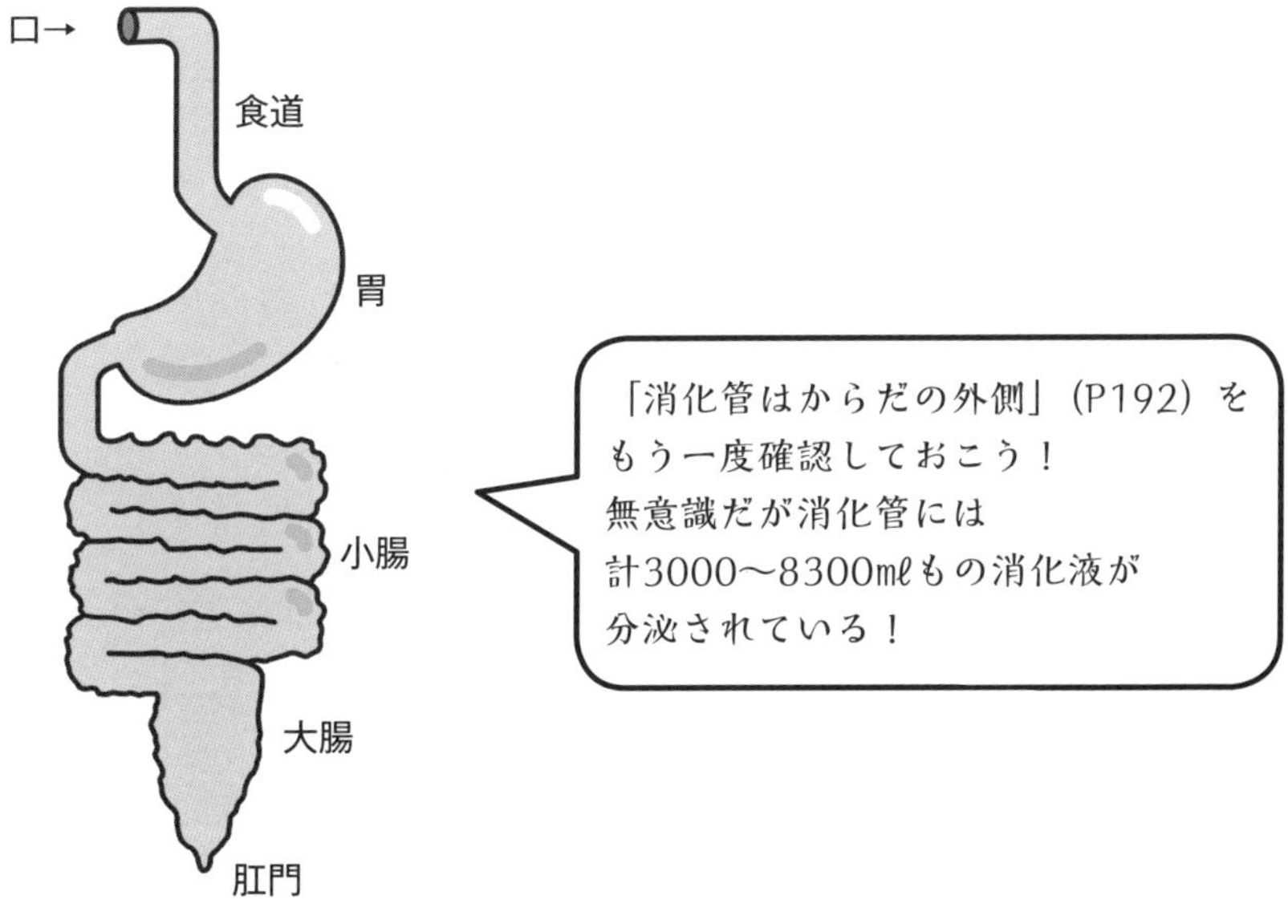

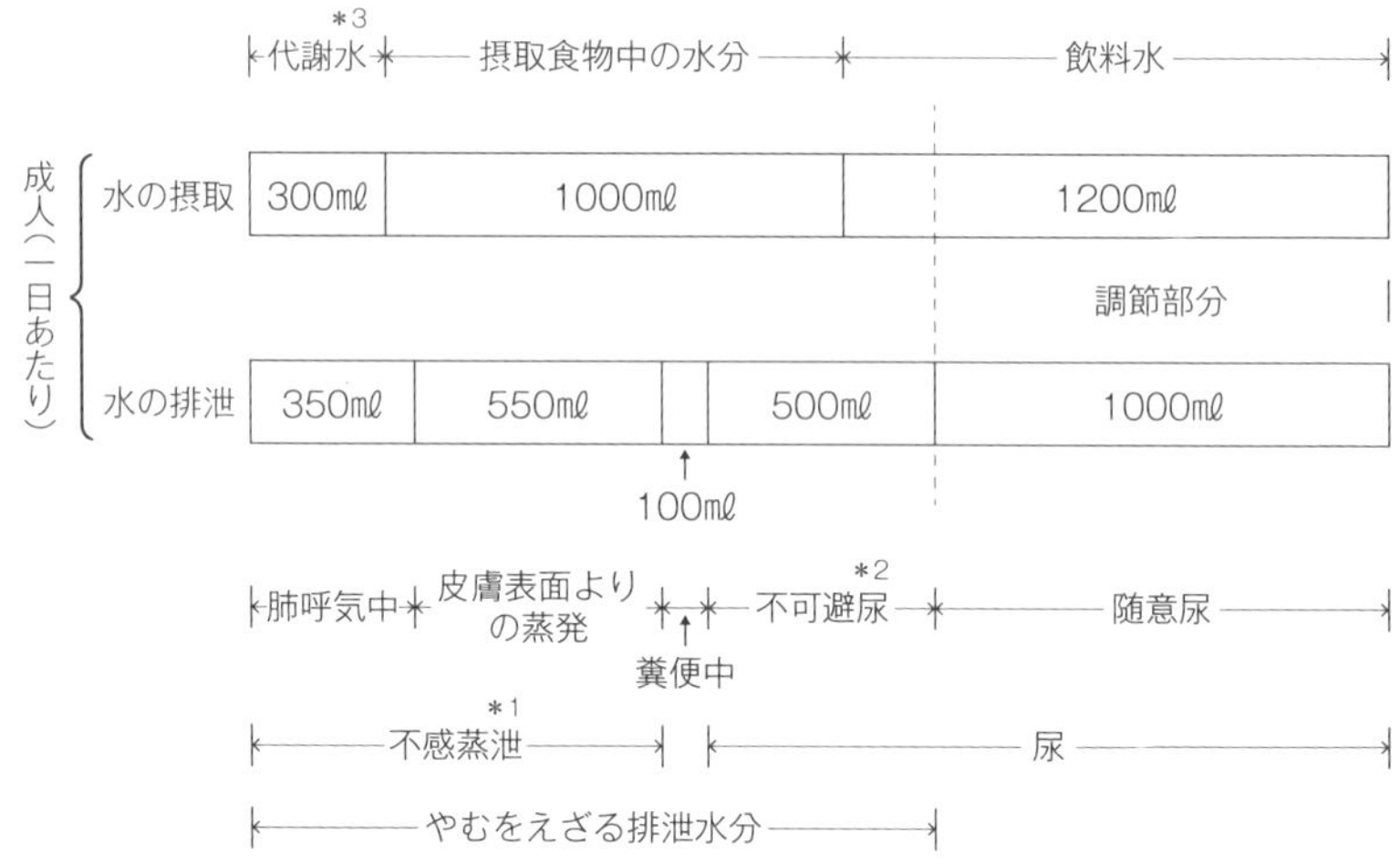

(新生化学ガイドブック)

＊1不感蒸泄（ふかんじょうせつ） 意識されずに呼気や皮膚から蒸発する水分のこと。
＊2不可避尿（ふかひにょう） ヒトが不要物質を排出するとき最低限の尿は不可欠であり、これを不可避尿といいます。
＊3代謝水（たいしゃすい） 糖質、たんぱく質、脂肪が体内で分解され、燃焼するときに生じる水分。

図13 水の出納（摂取量と排泄量の目安）

普通の人が飲食物と水そのものでどのように水をとっているか、水の出入りを示したものです。

飲みものに限らず、
「食べもの」由来の水分も、結構多い！

用語がとてもむずかしい！
代謝水、不感蒸泄、不可避尿……

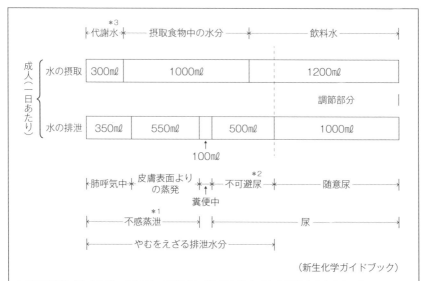

水	99.2～99.7%
ナトリウム	45～240mg%
塩素	60～350mg%
カリウム	20～100mg%
カルシウム	2.1～7.8mg%
マグネシウム	0.02～0.2mg% *

＊mg%とはmg／100mℓ

（伊藤真次：『生理学』）

表12　汗の無機質成分

個人差もかなりありますが、気温、運動内容によって大きく変動します。

	ナトリウム	塩素	カリウム	マグネシウム	合計
血漿	140	100	4	1.5	245.5
汗	40～60	30～50	4～5	1.5～5	75.5～120

（単位はmEg／litte）

表13　血漿と汗のミネラル濃度比較

血液の血球部分をのぞいた液体成分を血漿《けっしょう》といいます。**汗と比較すると、カリウム、マグネシウムは血液とその濃度があまり変わらない、ことがわかります**。たくさん汗をかく人はカリウムなどを多く含む野菜やくだものを積極的に摂取する必要があります。

カリウム、マグネシウム不足に注意しないと……夏バテになる。

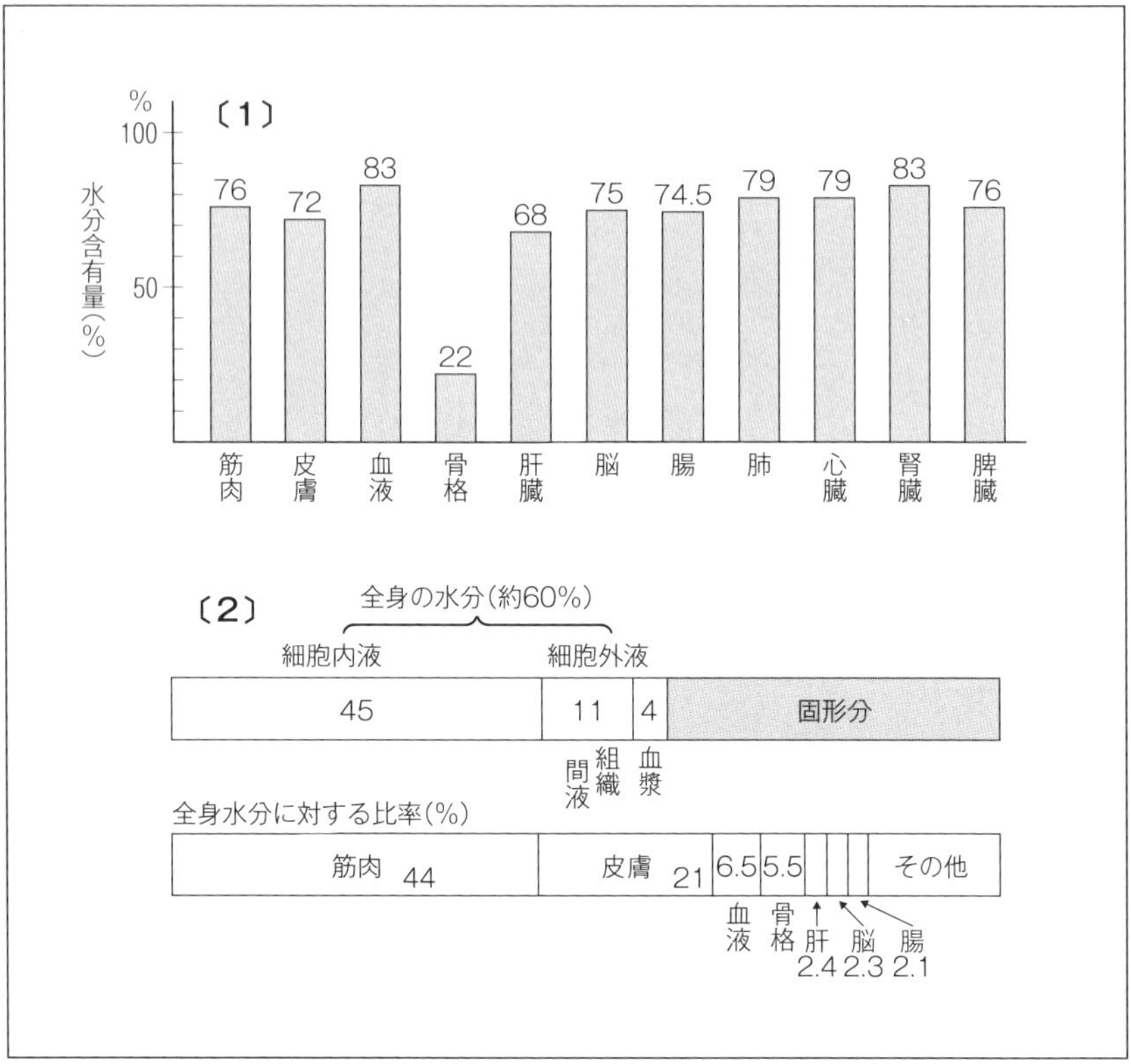

図14　ヒトの体内の水の分布

身体の臓器による水分含量は、運動によってあまり変わらないものと、血液などのように発汗により変動するものがあります。水を補給しないで運動をした場合、発汗、脱水が過剰になると命を落とすことがあります。発汗を伴う運動には必ず水を用意することが必要です。

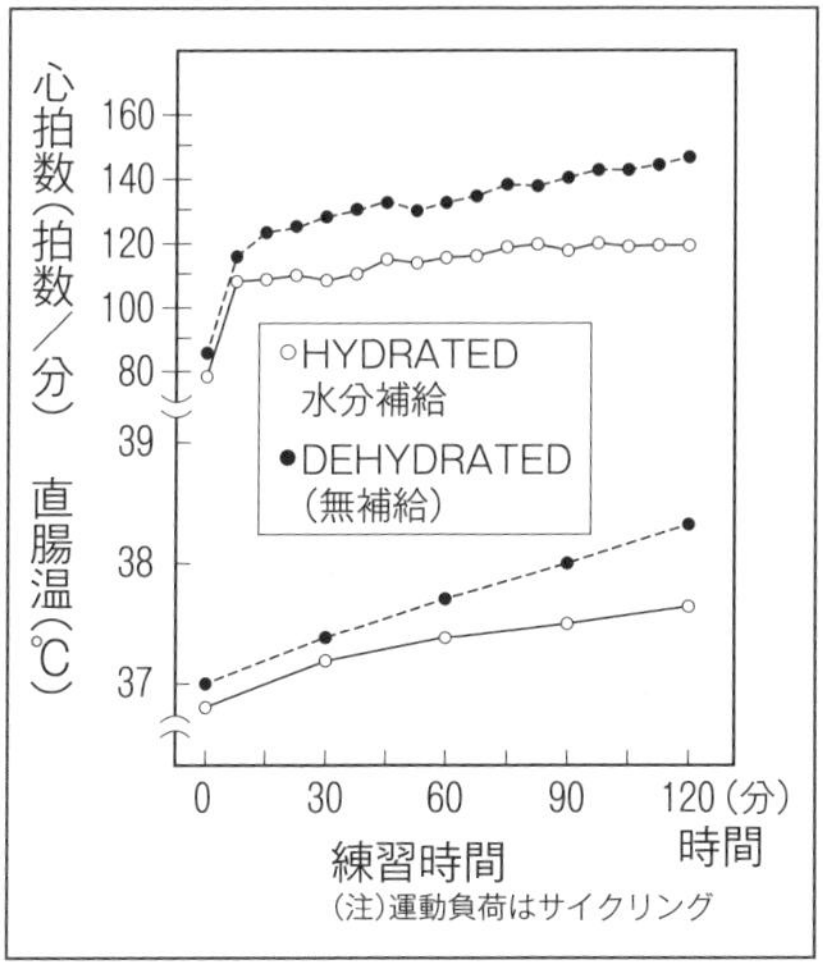

図16　発汗脱水による運動生理的学影響（運動継続による心拍数、直腸体温の変化）
出典：Costill and Saltin

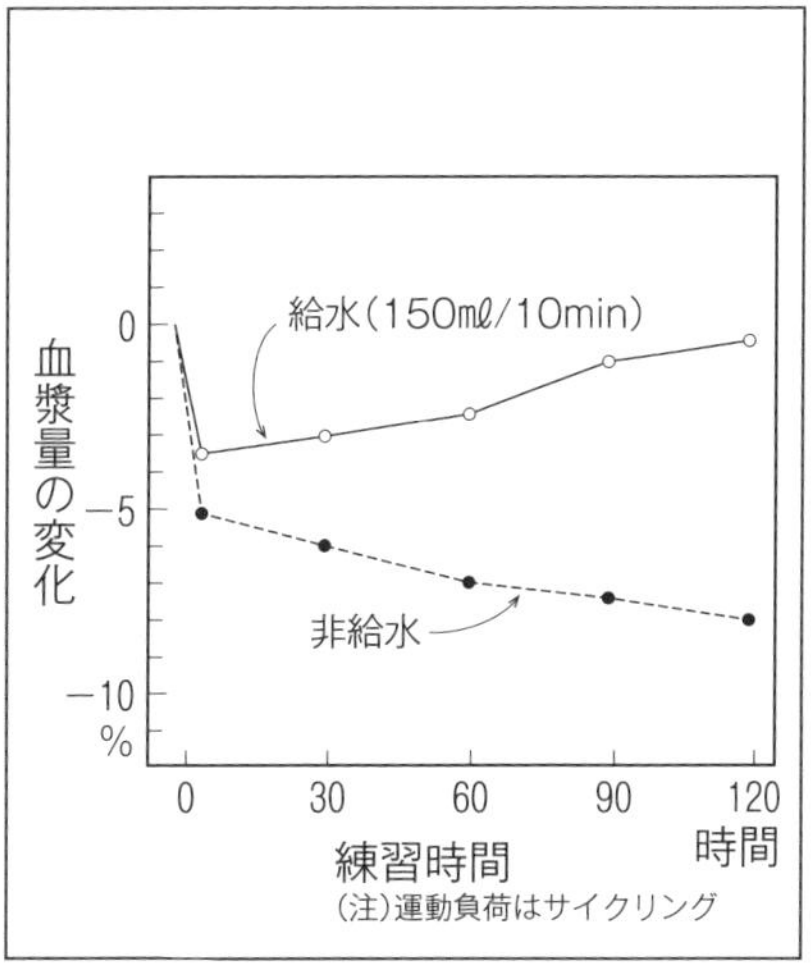

図15　長時間熱暑下サイクリングによる血漿量変化
出典：Costill and Saltin

水を補給しながら運動した場合と、無補給の場合の心拍数と直腸体温の変化。直腸に電極を挿入し、運動したときの体温を継続的に測定しています。水の補給なしでは体温上昇と同時に心拍数も上昇して、運動することが次第につらくなります。

水の補給なしで運動を続けると血漿量が減少（血が濃くなる）し、運動がつらくなります。

スポーツ選手は水の飲み方を正確に

水補給のまずさは夏バテの有力原因となる

夏季に少し激しい運動をすれば簡単に1～3リットルの汗をかきます。この分の水を上手に補わないと正常な状態を維持できなくなることは容易に理解できると思います。表11（P95）を見てください。**多量発汗の場合、水分の補給がうまくいかないと、消化液の分泌にも影響します。**

面談したプロ野球投手の中には「ナイターで完投した後の夕食がほとんど食べられない」と話す選手もいましたし、「試合終了後は水気の多いものを少し食べるだけ」と話すプロボクサーもいました。彼らほどの激しい発汗をしなくても体水分不足では、その後の食事が不完全になることは事実です。結局、夏季は栄養摂取不十分となりやすく、残存疲労の増大につながります。このように水補給のまずさは、夏バテの有力原因となります。

汗について

夏の運動で何よりも大切なことは水分の補給です、水分欠乏では正常な状態が維持できないし、また逆に、過剰な水分をからだに蓄えておくこともできません。

したがって、「**ある程度以上発汗したら速やかに補給する**」というのが運動時のもっとも望ましいやり方ということになります。

水を飲んでバテるとき

水を過剰にとったときのマイナスについて考えてみたいと思います。かつて「水を飲むとバテる」といわれ、運動中の水分摂取が制限された時代がありました。これは、「水」が悪いのではなく単に**水の飲み方が悪い**のです。

「バテるような飲み方」はなぜ起こるのでしょう。

①水を飲んだことが直ちに影響する場合

たとえば呼吸が苦しくなるような（強度の強い）運動を始めると、その熱い呼気により気道、とくに口内や咽頭部《いんとうぶ》が乾燥して粘《ねば》り気が増してきます。この場合、感覚としては文字通り「ノドが渇いた」と感じるわけですが、**この感覚としての渇きは必ずしも失った水分に比例しません**。むしろ**強く感じる**傾向があります。実験的に自由に水を飲ませれば、大部分の人が、生理的**必要量以上に飲んで**しまいます。つまり、**飲みすぎが簡単に起こってしまう**のです。

必要量以上の水はすぐ吸収されず一度胃にたまってしまうことから、胃が重く感じ、続いておこなう運動が苦しくなってきます。動きの激しい種目では当然のことながら、バテたように見えます。

一度にたくさん飲まなくても、繰り返して飲む水が必要量以上であれば、やはりからだにとって不都合であることから、その水処理、すなわち過剰発汗とか、尿ができすぎて膀《ぼう》胱《こう》にたまり尿意をもよおすなど、運動にブレーキをかけます。

②何日か運動を続けているうち次第にへバってくるような場合

これは**汗で失ったミネラル分（カリウム、マグネシウムなど）の補給不完全**と、運動終了後の急激な水分摂取による食欲の不振によって生じます。

表12（P97）を見てください。ナトリウムと塩素は別々に表示していますが、あわせて食塩と考えてください。ここで問題となるのは、カリウム、マグネシウムです。いずれも汗で失われる量は多く、今の食生活では不足気味なので意識して摂取してほしいと思います。発汗量の増大に合わせて、ミネラル類の補給源、つまり緑黄色野菜や魚介類などを、日常の食生活で、よりたくさん食べることができた運動選手は、筆者らの食事調査の範囲ではまれでした。

水の飲みすぎによる食欲不振に関しては、P177に述べました。参照してください。

スポーツドリンクの科学

競技スポーツでは熱中症を防ぐというよりも、最高の運動能力を発揮するという観点から開発されたものが元祖スポーツドリンクで、商品としてはアメリカのゲータレードが、アメリカンフットボールチームに採用されたのが始まりです。

ハーフタイム中にいかに体力を回復させるか、そのひとつの要素が汗で失った水分の補給です。水を飲んでも胃にたまっていては役に立たないばかりでなくかえって運動能力を低下させます。後半が始まるときには大部分は吸収されて血液中に入っていなければなりません。

水は胃からも吸収されますが少量で、大部分は小腸からです。小腸で水が吸収されるときにはまず電解質（通常ナトリウムが主体）が吸収され、これに引き込まれるように水が吸収されます。いわゆる**ナトリウムポンプのメカニズム**が働きます。

したがって、水だけを飲んだ場合には直ちに小腸に流入せず、一度胃にたまり、上部消化管から分泌される電解により適当な浸透圧（mOsm）となるよう胃の出口である幽門《ゆうもん》が開き、徐々に吸収されます。したがって、あらかじめ**飲用する水分の中に電解質を溶解しておくと、胃内滞留時間《いないたいりゅうじかん》が短縮される**という利点があります。

水が小腸で吸収されるときの浸透圧は290～300mOsmですので、このような組成で作られている飲料を、**アイソトニック（等浸透圧《とうしんとうあつ》）ドリンク**といいます。

しかし、スポーツ中ですでに水分を失っている場合には、アイソトニックドリンクを飲んだとしても胃内で水だけが先行して吸収され、ドリンクが若干ですが、濃縮されます。したがって、競技中に飲用するドリンクでは体液よりやや低浸透圧の**ハイポトニック**がよいとされていますが、どの程度が最適なのかは明らかではありません。

図18では体液の約三分の二程度のハイポトニックが、もっとも速く胃内から消失しています。

ところで電解質（主として食塩）だけの組成物ではきわめて味が悪く飲用に耐えないため、若干の甘味、酸味、フレーバーなどを加えて飲みやすくしたものがスポーツドリンクです。

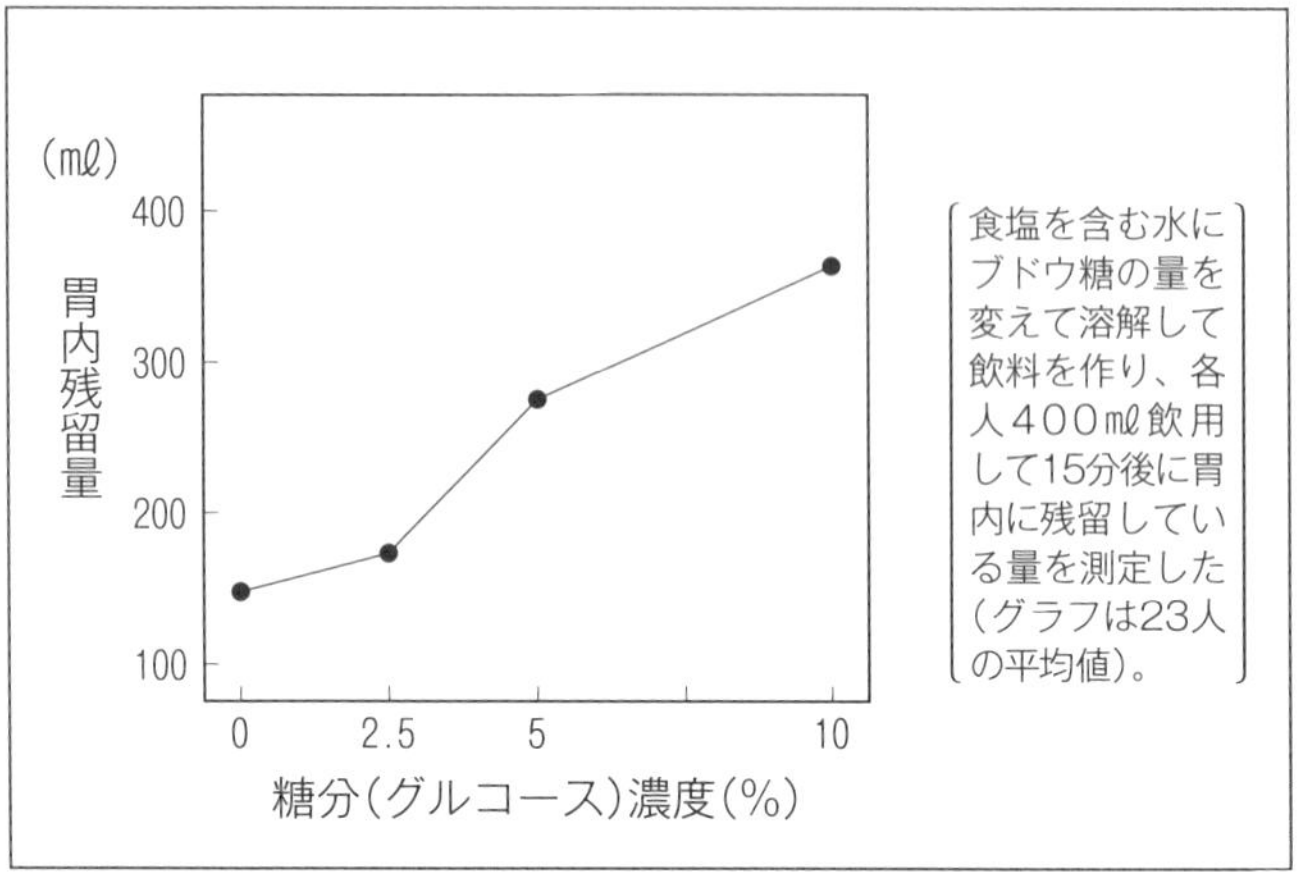

図17　糖濃度と胃内残留量の関係　出典：Costill and Saltin

スポーツドリンクのブドウ糖濃度は甘さを感じない程度の濃度を理想とします。2.5パーセントを超えると残留量が増え、その後の運動に影響します。

マラソンなどの補給水（スペシャルドリンク）は糖濃度が高い場合もあります。個人差もあります。ボトルに、自分用のマークを付けるのはこのためです。

マラソンのA選手の話。
スペシャルドリンクは自分で作っていました。給水地点ごとに糖濃度を変えて、ゴールに近づくにしたがって少しずつ甘くしていました……。

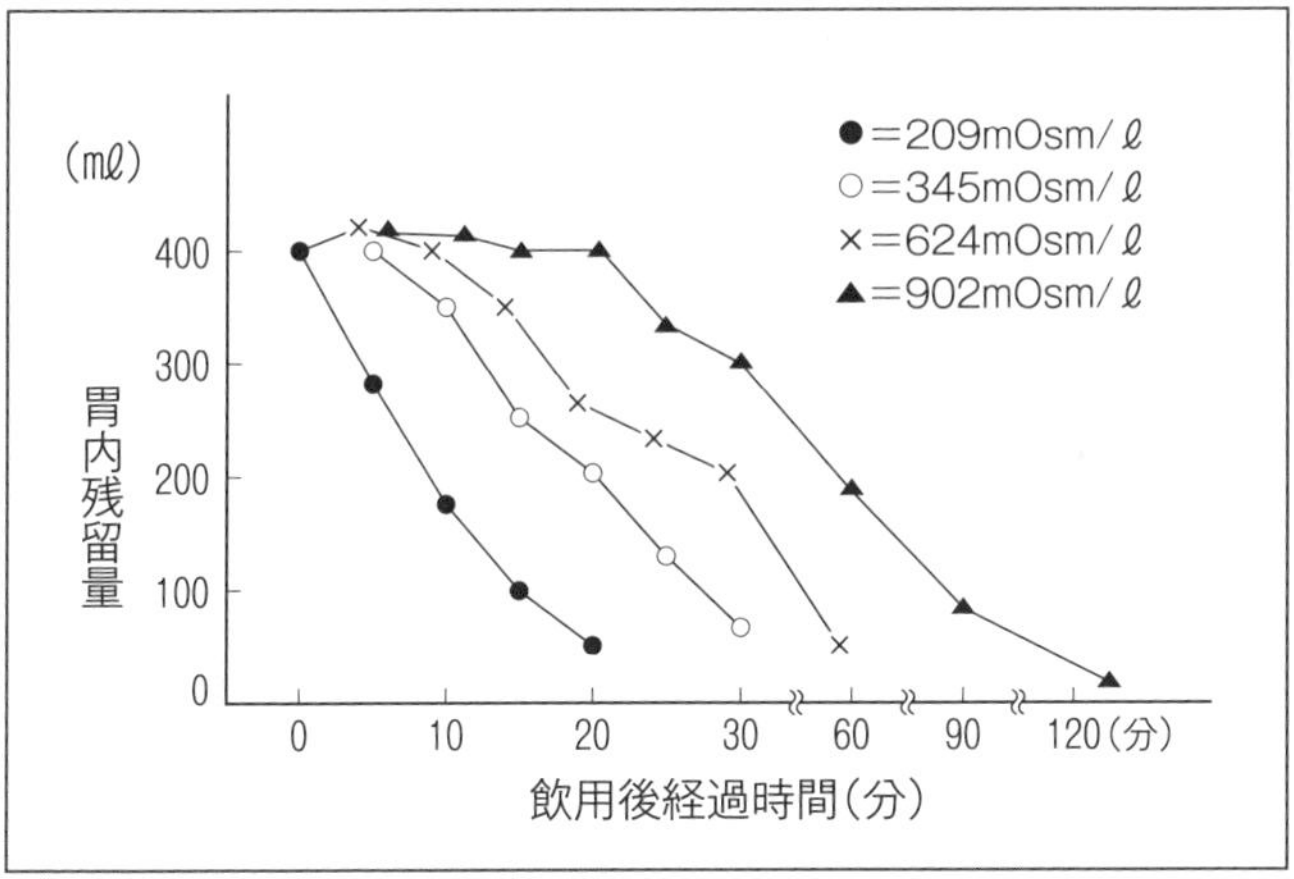

図18　飲料の浸透圧と吸収時間　出典：Costill and Saltin

水分に塩類などを溶解した溶液を服用して胃内に残留している量を測定したものです。濃度の高いものは吸収に時間がかかります。スポーツドリンクは200mOsmぐらいの、体液よりやや薄いレベルで作ります。

市販のスポーツドリンクには糖度が高いものもある。一般の人向けだと、おいしさが優先される。目的によって選びたい！

＊体液浸透圧は290～300mOsm
＊ハイポトニック　体液より低い浸透圧
＊アイソトニック　体液と同じ浸透圧
＊ハイパートニック　体液より濃い浸透圧
＊mOsm（ミリオスモル）浸透圧の単位

スポーツドリンクの糖濃度

図17では糖濃度が増すと残留量が増加していることがわかります。この実験結果を報告したサルティンらは水100mlに2.5g以上のグルコースを含む溶液では胃内滞留時間が長くなるから、水分の迅速補給を目的とする場合、グルコース濃度を2.5g/100ml以下にすべきであると述べています。

◆水分補給のポイント

①飲む量は発汗量を考慮して決める。
②スポーツドリンクといえども、運動中の飲みすぎは決してよい結果を生まない。１回に４００ミリリットル以上は飲まないこと。
③練習や試合で繰り返し飲用する場合は、１回１００～２００ミリリットルとし、10～15分は間をあけること。

④飲料には塩分のほかに適度のミネラルを含むこと。
⑤浸透圧は体液より若干低いこと（290mOsm以下）。
⑥糖分は低いほうがよい（２・５％以下が望ましい）。
⑦炭酸を含まないこと。
⑧気温が高いときは、８～13℃に冷却しておくとよい。
⑨試合前に使用する場合は、胃内に残留しないよう、少なくとも30分前に飲用しておく。
⑩同じ運動をしても発汗量には個人差がある。できれば体重計を用意し、自分の発汗の傾向を知っておくとよい。

試合前に塩分のとりすぎを避ける

塩分・水分・体重の関係・特にゲームコンディションについて

塩分と体内水分

ヒトの体重に占める水分は、年齢、性差がありますが、およそ50〜60％です。この水分量は、割合に変動が大きく、体重の２％程度は１日のうち変動しています。

食事に由来する体重変動要素で、最も影響するのは塩分です。血液などの体液成分中にはほぼ０・３％程度の塩類が含まれており、この濃度は比較的安定しています。例えば、汗中には塩類が含まれていますが、体液より汗の方が薄いので、汗をたくさんかくと体液が濃縮され、つまり浸透圧が上昇するわけですが、ノドが渇いて水が飲みたくなり、水を飲めばまもなく元に戻ります。

逆に、水を飲みすぎてそれが吸収されると、過剰な水分はやがて尿として排泄され、濃度は正常値に戻ります。

塩類を余分にとるとどうなるか

塩類を余分にとると、体液浸透圧が上昇して、汗をかいたのと同じことになり、ノドが渇き、塩類１ｇで約水３００㎖の水分が必要となります。

つまり、塩１gを余分にとると、その塩分を排泄するのにさらに水３００㎖を余分に吸収しなければならないので、排尿が起こるまでの間、体重が約３００g増加している、ということになります。

このように、塩類、とりわけ食塩の増減は、割合、短時間のうちに体重の変動をもたらす要因となっていて、競技種目によっては微妙な影響を受けるケースもあります。

影響をうける種目

走高跳びなど跳躍種目（水ぶくれし重い身体で跳ぶのは、いかにも不利です）
体操、フィギュアスケートなどの演技種目
バレーボール、バスケットボールなど跳躍力や敏捷《びんしょう》性が重視される球技
レスリング、ボクシングなどの体重別競技など

競技時間が長い種目への影響

長距離走や球技など、試合時間が長い種目では、たとえば、試合前日の過剰塩分が身体に残っていると、身体はさらに水分を要求し、腎臓で尿をつくり、膀胱に尿がたまっていくというプロセスが続きます。つまり発汗以上にノドが渇き、水を飲むことになります。その水は尿となりますから、膀胱という袋に尿を入れてぶら下げながらプレーするということになるのです。

以上のように、試合前の塩分摂取量はゲームコンディションに多大な影響を及ぼします。

試合前に塩分のとりすぎを避ける

試合が近づくと運動量は減ります。汗の量も減るので普段より塩分を少なくしなければならないのですが、これが守れない人が案外、多いように思います。

試合前の緊張で味覚が鈍《にぶ》ることも影響するのか、試合前になるとかえって多くとってしまう傾向すらあります。

実例1　ソウル五輪で一部選手が「選手村の食事は薄味でまずい」といって、滞在後数日もすると、食堂に行かない、または食堂ではごく簡単なものしか食べなくなり、持参したカップラーメンを食べて補っていた、という報告を、調査依頼した同行スタッフから得ています。

カップラーメン一個の食塩量は4～7gあります。2個食べると1日必要な塩分量となりますから、他の食品に含まれる塩分はすべて余剰となり、この状態で試合に臨むと、余分な水分を身体にためこんだまま、競技することにつながります。

実例2　数種目の選手に「試合直前の塩分のもつ意味」を理解させ、試合3日前ぐらいから塩分を減らした食事をしてもらったことがあります。体重別競技、跳躍、長距離走などでよい成績をあげることができました。特にフルマラソンを走った選手からは「身体が軽く、ノドの渇きも少なかった。最小の給水ですみ、久しぶりに自己新が出ました」との報告を受けました。

試合前に「塩分のとりすぎを避ける」という簡単なことが割合、軽んじられているように思えてなりません。

コラム⑤

箱根駅伝「大ブレーキ」の正体

正月恒例の「箱根駅伝」から毎年数々のドラマが生まれます。1区間およそ20キロのコースをタスキでつなぎ、計10区間を走る過酷《かこく》なレース。そのため、予想外のアクシデントが起きます。意識が朦朧《もうろう》となり蛇行《だこう》を繰り返し始めたかと思うとやがて歩き始め、最後には歩くことすらできなくなって倒れこむ……タスキが途絶えるシーンもしばしば見られます。

はたして何が原因なのでしょうか。

大ブレーキとなった走者本人に聞いても「緊張感からだった」「風邪かも」など原因は特定できません。テレビの実況アナウンサーや解説者も「脱水でしょうか？」などと推測します。実際、伴走車から降りて飲みものを渡す場面も、多々あります。

しかし、そのどれもが大ブレーキの原因ではありません。

原因は「低血糖」（P88）と推察されます。前日夜の炭水化物の摂取量が少なすぎたか、当日朝、食事が十分に食べられなかったか……。緊張感から胃液の分泌が少なく食べたものが未消化だった可能性も否定できません。いずれにしても、肝臓に蓄えられたグリコーゲンが少なく、走行中に血糖値が徐々に下がって意識混濁にまで陥ってしまったということではないでしょうか。風が強い、気温が低いなど気象の影響で体温保持に想定以上のエネルギーが必要となることもありますが、なによりも肝臓のグリコーゲンを満タンにして試合に臨《のぞ》む、このことができれば低血糖に起因するブレーキは起こらないでしょう。

第5章

ビタミンとミネラル

スポーツとビタミン

ビタミン（Vitamin）は「生命に欠くべからざるもの」という意味です。１９１１年ポーランドの化学者フンクが命名しました。ビタミン欠乏とその治療法の研究から始まったビタミン学も、その裾野《すその》が広がっています。ビタミンを積極的に利用することによって、ガンの予防、運動能力向上に期待する研究成果も発表されています。

ヤコブレフの提唱する、スポーツ選手のビタミン必要量

運動選手（競泳）とスポーツを何もしないデスクワーク（男子）のエネルギー量を比較したのが表14の①です。どちらも20才、男子です。

一日2万メートル泳ぐトレーニングは、水泳選手として最高の運動量といえます。一日の総エネルギー所要量はデスクワークの非運動者にくらべ２・１６倍となっています。しかし、デスクワーク・非運動者は一日の労作、つまり運動がほぼ均一です。16時間で６８０キロカロリーの消費ですが、運動選手のトレーニング時間中のエネルギー消費量は、５時間で２８００キロカロリーとなり、時間当たりで比較すると実に13倍強になります。

スポーツマンはレーシングカー。カロリー比例ではまずい、ビタミン必要量の考え方

車にたとえると、非運動者がいわば街中を走るタクシーとすると、運動選手はレーシングカーといえます。時間あたり大馬力を発揮するスポーツ選手は、からだの構造（筋肉）もエネルギーの発生システムも普通の人とは違います。

エネルギー源となる栄養素はせいぜい2倍強とればよいのですが、生理調節機能にかかわるビタミンなどは、単にカロリーに比例すると考えるのは適当といえません。

一般の栄養学の教科書ではエネルギー1000キロカロリーあたりビタミン何ミリグラムというように書いてありますが、まったく別の研究結果が発表されています。

表14の②はヤコブレフ（旧ソビエト連邦）という科学者の提唱する「スポーツ選手のビタミン必要量」を入れ、最下段（※印）に**表14**の①の非運動者（日本人）の値を入れています。

条件	非運動者（軽労作）	運動選手（競泳）	運動選手／非運動者
1日分総エネルギー所要量	2,200kcal	4,750kcal	2.16倍
基礎代謝エネルギー量	1,520	1,700	1.12
労作（運動）エネルギー量（1日）	680	3,050	4.48
練習時、時間当りエネルギー比較	680kcal/16H =42.5	2,800kcal/5H 56560	13.18

註）運動選手条件；1日20,000m、5時間トレーニング、休憩4時間、
生活労作6時間、睡眠9時間、水泳エネルギー量　2,800kcal
非運動者；睡眠8時間、16時間均等労作とする

表14①　非運動者と運動選手のエネルギー量比較

条件		種目	ビタミン必要量（mg）				
			A	B_1	B_2	ニコチン酸	C
スポーツ選手	トレーニングに集合した最初の5～7日間および競技前	S	2	8	2	20	200
		E	2	10	2.5	25	250
	飽和状態に達せられた後のトレーニング期間	S	2	5	2	25	100
		E	2	10	2.5	25	150
	試合後3～4日		1	5	2	25	200
※非運動者（20歳・男性）			0.6	1	1.4	17	50

注）種目　S＝スピード競技　E＝持久力競技　※＝筆者加筆
「栄養量所要量表より」

表14②　ビタミン必要量比較

表15　水溶性ビタミンB群の生理的性質

名称	生理作用	その他	多く含む食品
B_1（チアミン）	成長を促し、特に糖質の代謝に必要。 神経組織、筋肉、心臓の働きを正常に保つ。	体内貯蔵が少なく欠乏しやすい 不足すると疲労感、筋肉痛、食欲不振。	・豚肉・タラコ・ウナギ ・ボンレスハム・大豆 ・玄米ご飯・ぬか漬け ・干しのり
B_2（リボフラビン）	たんぱく質、脂質、糖質の代謝に関与。 生体酸化の水素伝達作用にかかわり成長と細胞の再生を助ける。	動物の発育促進 不足すると口のまわりに症状のでる口角炎、舌炎など。	・レバー・ウナギ・カレイ ・ブリ・鶏卵・牛乳 ・プレーンヨーグルト ・モロヘイヤ・納豆 ・まいたけ
ナイアシン	神経系統、脳の正常機能に必要。 また性ホルモンの合成にも関与する。皮膚や消化器系の健康維持に働く。	アルコールを分解。	・レバー・タラコ・カツオ ・マグロ・イワシ丸干し 鶏ささ身・落花生
B_6	たんぱく質代謝、脂肪の代謝にかかわり、神経や皮膚の健康を保つために作用。 また老化を防止する核酸の合成を促進。	たんぱく質を多くとるほど必要量増す。	・カツオ・マグロ・サケ ・サンマ・バナナ ・赤ピーマン

B12	たんぱく質、脂質、糖質に必要。赤血球の形成、再生に関与し、貧血を防ぐ。神経系統の正常な働きを維持。	赤血球生成、神経細胞機能維持 葉酸のパートナー、協力してはたらく。	・アサリ・シジミ・カキ ・サンマ・レバー
葉酸	たんぱく質代謝にかかわり、赤血球および核酸の生成に重要な役割をはたす。からだの細胞の増殖に不可欠。	妊娠初期に必要量増す。	・レバー・ブロッコリー ・ほうれん草・枝豆 ・納豆・いちご
パントテン酸	脂肪の代謝に不可欠。たんぱく質、糖質の代謝にも関与する。細胞の形成、中枢神経系の発達を助ける。	副腎の働きを支える。	・レバー・子持ちカレイ ・トラウトサーモン ・エリンギ・カリフラワー ・アボカド・納豆
ビオチン	糖質、脂質、たんぱく質代謝に関与。糖の新生に働く。	皮膚の健康を維持する。	・レバー・カレイ・イワシ ・鶏卵・納豆・アーモンド ・落花生

＊ビタミンB群の特徴は水溶性であること、生体内で主に補酵素として働くことです。

表15　水溶性ビタミンB群の生理的性質

ビタミンC

名称	生理作用	その他	多く含む食品
ビタミンC （アスコルビン酸）	コラーゲン生成に主要な役割をはたす。骨形成、鉄吸収、生体異物代謝、抗酸化作用に関与。副腎皮質ホルモンの合成に関与する。	体内で起こる化学反応のうち50もの反応に関与。「特別不思議なビタミン」とポーリング博士は注目した。	・赤ピーマン ・ブロッコリー・じゃが芋 ・甘がき・キゥイフルーツ ・いちご・ミカン

脂溶性ビタミン

名称	生理作用	その他	多く含む食品
ビタミンA （レチノール、 カロテノイド）	成長を促進し、骨、皮膚、粘膜の健康を保つ。呼吸器系の感染に対する抵抗力を強め、うす暗い所での視力低下を防ぐ。生殖作用に関与。		・ウナギ・レバー・にんじん ・西洋かぼちゃ ・ほうれん草・春菊 ・モロヘイヤ

ビタミンK（K_1,K_2）	ビタミンE（トコフェノール、トコトリエノール）	ビタミンD（D_2,D_3）
血液を凝固させるプロトロンビンの生成に重要な役割をはたす。正常な血液の凝固を維持。 骨形成の調節作用に関与。	抗酸化作用があり、ビタミン、脂肪酸などの酸化を防ぎ、細胞の老化を遅らせる。 赤血球の溶血を防ぎ、正常な生殖にも必要。	正常な骨や歯をつくるため、カルシウムとリンの吸収・代謝、骨形成の促進に関与。
新生児にビタミンKシロップが投与。 K_1供給源は植物性食品、特に緑色野菜。 K_2供給源は動物性食品と納豆。	不足すると、老化や生活習慣病のリスクが高まる。	D_1は欠番、D_4〜D_7は活性弱い。 D_2供給源は、酵母、きのこ類。 D_3供給源は動物性食品。 紫外線を受けて皮膚で産生。
・納豆・モロヘイヤ・小松菜 ・ほうれん草 ・鶏もも肉（皮つき） ・抹茶	・ウナギ・ひまわり油 ・アーモンド・落花生 ・ウナギ・マス ・タラコ・モロヘイヤ ・西洋かぼちゃ	・サケ・サンマ・マイワシ ・ウナギ・キノコ ・ちりめんじゃこ

表16　脂溶性ビタミンの生理的性質

比較されている5種類のビタミンのうち、ビタミンB_1が5〜10倍、ビタミンCは1〜2・5倍必要ですが、ニコチン酸では1・5倍弱です。スポーツ選手は運動中に大馬力を発揮するため、従来のように1日のエネルギー消費量に合わせてビタミン量を決めたのではまずい、というのが、スポーツ栄養にかかわってきた私の考えです。

注・H.H.Jakowlew 共著に「ソ連スポーツトレーニングの理論と方法」などある。読み方はネット検索でのヤコブレフに従うこととした。

ビタミンの種類

ビタミンはA、CとかB$_1$、B$_2$、B$_6$のようにアルファベットと数字を使った単純な符号で呼ばれますが、これらは研究と発見の順番のようなもので、特に深い意味はありません。特にB群は何種類もあり、その性質もかなり異なるため、Bのいくつという呼び方をしなくなったもの（例・B$_9$→葉酸）もあります。

脂溶性《しようせい》ビタミンと水溶性ビタミン

化学的性質から、二つに分けられます。

表16の脂溶性ビタミンは文字通り、水に溶けず油脂に溶ける性質があるため、腸では油脂とともに吸収され体内に貯えることができます。それに対し、**表15**の水溶性ビタミンは貯蔵性が低い（注）ので、限度を超えて摂取しても尿中に排泄されます。

脂溶性ビタミンAとDは蓄積《ちくせき》されるので過剰症《かじょうしょう》が起こります。しかし、油脂類の摂取量がもともと少ない日本人では、推奨量の何倍もの量を、それも毎日食べる人は、ほとんどいないと思われます。現実には不足の人の方がはるかに多いことを付け加えておきます。ビタミンEでは、摂取量の3分の2が便として排出されるため比較的体内に蓄積されにくいとされています。

水溶性ビタミンは、限度を超えて摂取しても余分なものは尿中に排泄されてしまうので、毎日一定量ずつとる必要があります。不足すると、比較的はやく欠乏症があらわれます。

注・ビタミンB_{12}は肝臓に数年間分貯えられるといわれている。

ビタミンの単位

脂溶性ビタミンA、D、Eとも化学的に単一の物質ではなく、生理的に同じような効力を示す複数の物質の総称です。化学構造のちがいによって栄養効力に差があるため、少し前まで単位として、重さではなく、国際単位IU（アイユー）を使っていましたが、以下のようになりました。

- **ビタミンA**の摂取基準には主要な成分レチノールだけでなくビタミンAの前駆体《ぜんくたい》すべて合わせて、**レチノール活性当量（μgREA）**として算出した値。
- **ビタミンD**ではμg（マイクログラム）。
- **ビタミンE**では㎎（ミリグラム）。

水溶性ビタミンでは重さの単位㎎（1グラムの1000分の1）を使いますが、B_{12}や葉酸はきわめて微量のため、㎎のさらに1000分の1であるμg（マイクログラム）で示します。

ビタミンB群—毎日充分に

ビタミンB群とは

動物飼料（エサ）の研究によって、それがないと健全な発育が得られない微量物質として発見されたものがビタミンB群です。B_1、B_2、ナイアシン、B_6、B_{12}、葉酸、パントテン酸、ビオチンの8種類とされます。

発見順にB_1、B_2……B_6、B_{12}と、Bに数字をつけて呼んでいましたが、いろいろな経緯をへて、化学物質名での呼称（ナイアシン、パントテン酸など）を使うものもあります。いわば習慣のようなものと考えてください。

B群には類似の性質がある

成長促進因子《そくしんいんし》、抗神経因子《こうしんけいいんし》、抗皮膚炎因子などほぼよく似た性質を持っているため、軽い皮膚の炎症などではどのビタミンが不足するのか特定は難しいのが実際です。ですからビタミンB複合剤を処方して効果をみるという方法がとられることが多いのです。

◆ビタミンB_1

第1章では**エネルギーの活性化に欠かせないビタミン**としてとりあげ（P30）たので、ここでは重複をさけ、ビタミンB_1欠乏症の話を中心にします。

ビタミンB_1は**糖質代謝**に関係します。不足すると、糖質を摂取してもエネルギーに変換することができず、乳酸などの疲労物質がたまり疲れやすくなります。糖質をエネルギーとして利用できないと、糖質は排泄されるのではなく体脂肪となります。

慢性的に不足すると、**脚気《かっけ》（多発性神経炎）**になります。むくみ、動悸《どうき》などがみられ、重症になると心不全を起こし死に至ります。

江戸患《わずら》い

江戸の元禄《げんろく》年間、米を精白する習慣が広まりました。「銀シャリ」の普及した江戸には脚気が多く、箱根を越えれば自然になおる「江戸患い」と呼んで奇病扱いされました。

脚気・日本海軍と陸軍の対応

海軍軍医の高木兼寛《かねひろ》は英国医療にもとづきたんぱく質不足が原因と仮定して、洋食、麦ごはんを試み、脚気の発生率をおさえましたが、当時主流のドイツ医学を学んだ陸軍軍医・森林太郎（鴎外）と対立します。陸軍は、根拠もなく白米を規則とする日本食を採用し続けます。海軍では、兵士が麦ごはんを嫌うなどで、後に胚芽米《はいがまい》を導入します。陸軍は、脚気《かっけ》の惨害《さんがい》を出し続け、日清戦争（１８９４～５年）では、戦死者より脚気による戦病死者のほうが多かったとのことです。

鈴木梅太郎のオリザニン

１９１０年、農学者鈴木梅太郎は、動物を使って①白米で飼育すると脚気様の症状が出る②米ぬか、麦、玄米を与えると回復することを発表しました。翌年、ぬかの有効成分を濃縮した「オリザニン」が販売開始されます。

しかし医学界は、鈴木博士の「栄養欠乏説」を受け入れません。１９１２年ポーランドのフンクがオリザニンと同じ物質を「ビタミン」と名づけて発表すると、陸軍はこの外来の栄養欠乏説を受け入れ、翌年、麦３割白米７割の麦飯の採用にいたります。

ノーベル賞ものだった鈴木博士の発見

鈴木梅太郎とフンクは交流があり、鈴木の手法を後追いしたのではないか、鈴木が数ヶ月早いなど、ビタミンB_1発見者をめぐって長い論争がありました。残念なことに、鈴木の論文が日本語だったため、世界で認められなかったということです。

食品名	mg／100g	1回目安量	ビタミンB_1（mg）
豚もも肉	0.96	80	0.77
豚肩肉	0.66	80	0.53
ボンレスハム	0.90	2枚40g	0.36
うなぎ蒲焼	0.75	1串80g	0.60
タラコ	0.71	1/2本25g	0.18
玄米ご飯	0.16	茶碗1杯 150g	0.24
胚芽精米ご飯	0.08	茶碗1杯 150g	0.12
ベーグル	0.19	1個90g	0.17
ライ麦パン	0.16	6枚切1枚 70g	0.11
ゆでそば	0.05	1食270g	0.14
枝豆（ゆで）	0.24	1食50g	0.12
焼のり	0.69	全1枚3g	0.02
エノキタケ（生）	0.24	1食50g	0.12
強化米を分量どおり入れてたくと	—	茶碗1杯 150g	0.32
参考　落花生（炒り）	0.23	10g	0.02

表17　ビタミンB_1を含む食品

その後

しかし、オリザニンが高価だったこともあり、脚気の死者が年、1千人を下回るのは、1950年代になってからです。1970年代になって再び、ジャンクフードによる偏食がもたらすビタミン欠乏が話題となりました（P175）。現在でも、アルコール依存症の患者に散見します。

ビタミンB_1不足を防ぐには

豚肉、特にモモ肉には100gに1・2㎎のビタミンB_1が含まれるので、筆者は、選手や保護者に「**豚モモ肉をとりなさい**」と繰り返し話してきました。牛肉の約10倍含まれています。ですから実際の食生活ではこの豚モモ肉をうまく使うのが一番やりやすいと思います。

臭《しゅう》気《き》成分のアリシンを含むニンニク、ネギ、玉ネギ、ニラなどとビタミンB_1を多く含む食品をいっしょにとると、結合して血液中に長くとどまり、摂取したビタミンB_1を排泄することなく長期に利用できるとされます。たとえば、上記の野菜と豚モモ肉の炒め物などを自分の十八番レシピにするとよいのです。

また主食のごはんを白米から胚芽精米にかえる、強化米（分量通り炊くとご飯150gでB_1が0・32㎎とれる）を使う、などすれば手軽に確実にとれるでしょう。

大切な試合前の調整には、**ビタミン錠**を使うのも一つの方法と思います。その場合**1日分を1回でとるより、数回に分けることが大切**です。水溶性ですから過剰なものは排泄されます。また「疲労回復に○○」というCMにまどわされず、後ではなく、前もって必要なだけビタミンB_1を摂取しておくのがよいのです。

◆ビタミンB_2――エネルギー代謝をたすけ、皮膚や粘膜の機能を維持する

エネルギー代謝のサポート

糖質、脂質、たんぱく質の三大栄養素が体内で代謝されエネルギーに変わるのにかかわっています。特に脂質代謝に不可欠です。食事で脂肪を多くとったときや、ダイエット中などはビタミンB_2の不足にならないよう気をつけます。

身体の成長をサポート

成長、発育に大切なビタミンで、成長を意味する英語growthの頭文字をとってビタミンGと呼ばれた時期もあります。シロネズミ、ハムスターなど種々の幼若動物にビタミンB_2欠乏食をあたえると成長障害を起こします。皮膚、毛並み、眼、神経組織などにも異常が認められます。

「美容ビタミン」とも呼ばれ、皮膚、髪、爪などの細胞の再生にも関与しています。

過酸化《かさんか》脂質《ししつ》の分解を促進

ビタミンEが過酸化脂質の生成を抑制するのに対し、ビタミンB_2は生成された過酸化脂質の分解を促進することで、体内での過酸化脂質の蓄積を防ぎます。

ビタミンB_2の必要量

前出のヤコブレフ（P114）も「1日に摂取するエネルギー量に比例して不足しないよう摂取すればよい」としています。**スポーツ選手では必要エネルギー量が多いので、ビタミンB_2もより多く必要**となります。

年齢の若い学生運動選手では

たとえば水泳のジュニア合宿などでハードトレーニングする場合、消耗するエネルギーは多く、体調維持のためには相当な栄養摂取が必要となります。食事量はかなり多くなりますが、実際には全食できない選手も少なくありません。エネルギー消費量が多いほどビタミンB_2は必要となるので、このようなときこそ**ビタミン錠を使ってでも、充分に与えてほしい**と思います。

食べものからのビタミンB_2のとり方

成長に関するビタミンということで、発生発育関連の卵、乳、生体内で活性な臓器である肝臓（レバー）、酵母や納豆菌などに多く含まれます。毎日必ず食べる卵、牛乳、納豆、ヨーグルトなどからとれる量を自分で把握しておき、あとの不足分を補う主菜を考えると計算が楽だと思います。

ビタミンB_2は黄色い色素

牛乳からたんぱく質、脂肪をとりのぞいた上澄みは黄色みを帯《お》びていますが、これはビ

食品名	mg／100g	1回目安量	(mg)
鶏レバー	1.80	焼トリ2本 60g	1.08
豚レバー	3.60	80g	2.88
牛レバー	3.00	80g	2.40
ブリ切身	0.36	80	0.29
サバ切身	0.28	80	0.22
うなぎかば焼	0.74	1串80g	0.59
カレイ	0.35	小1匹	0.35
牛乳	0.15	200cc	0.30
プレーンヨーグルト	0.14	130	0.18
まいたけ	0.49	50g 1/2P	0.25
納豆	0.56	40g 1P	0.22
モロヘイヤ	0.42	50g	0.21
玉子	0.43	50g 1コ	0.22
アーモンド（炒り）	1.04	20g	0.21

表18　ビタミンB_2を含む食品

タミンB2の色からきています。**ビタミンB2（化学名リボフラビン）は黄色の色素です。**

ビタミン錠をとると、尿が黄色くなることがありますが、ビタミンB2が必要以上に摂取された証拠です。不足する場合にはビタミン錠を利用すればいいのですが、一度に多量にではなく含量を考慮して1日3回とかに、分けてとるほうがよいのです。

※ビタミンB6、ビタミンB12、葉酸についてはさかど葉酸プロジェクト（P158）、運動性貧血（P167）、疲労性骨折（P170）を参照してください。

ビタミンと腸内細菌

ビタミンB2、B6、B12、ビオチン、ビタミンKなどは、腸内細菌によってからだの中でつくられていることが知られていますが、どのくらいの量が合成されるかなどはよくわかっていません。また、抗生物質の多用や長期間の下痢などで、腸内細菌叢（注・叢はそうと読み、くさむらのような一群の集まりの意）が変化して産生量が減ってしまうということも考えられますから、それに頼ることには少しリスクがあります。腸内細菌は、個人差が相当あります。ただ、腸内細菌がいつも活発に活動できるような環境、たとえば大腸菌のエサになるヨーグルトを毎日欠かさず食べる、納豆を常食する、ビタミンCを十分にとる、などを心がけることはよいことだと思います。

私は明治製菓で働いていた時、ヨーグレットという菓子を作ったことがあります。話がそれますが、閑話休題ということでお許しください。

ヨーグレットとハイレモン
「面白いじゃないか、やってみよう」

「菓子にはみえない菓子」を作ったことがあります。ヨーグレットとハイレモンです。タブレット錠で、生きたビフィズス菌や、ビタミンCを手軽にとれます。ヨーグレットには培養の難しい嫌気性菌であるビフィズス菌体を凍結乾燥したもの、ハイレモンには結晶ビタミンを打錠してあります。打錠とは、粉末や顆粒の原料を成型することをいいます。

機能性食品といって食品に何らかの機能を持たせたものは昨今珍しくありませんが、当時は菓子に機能を持たせるなど常識破りでした。「こんなもん、売れるか!」「菓子に理屈はいらない」など、営業から反対意見が出ました。私の会社では当時、チョコレートなどを販売する菓子営業部門がとても力を持っていたのです。

しかし「面白いじゃないか、やってみよう」の一言でプロジェクトが始まりました。実際、製造装置は工場で使っているものが転用できる、失敗しても損失は大きくない、と後押ししてくれた上司がいました。宣伝部長の野崎安広さんです。マーブルチョコレートの上原ゆかりや、デビュー間もない沢田研二率いるタイガース起用で、ＣＭヒットを飛ばした人です。「何でもやってみないとわからない」という考えの持ち主でした。

薬剤部門には、トローチというノドの痛みを抑える薬がありましたが、それは中央部分が凹んで穴が開いていていました。機械の金型を交換することで、ヨーグレットのような凸型で穴が開いてない菓子にも使うことができたのです。製薬工場の打錠機を菓子工場に移動させ、ヨーグレットを製造することになりました。

ハイレモンは、発売に際し店頭販売するには2種類ほしい、との要望が出て急いで設計したものです。吸湿を防ぐため、これも菓子の常識を破るPTP包装にして、2粒ずつ1日3回に分けて食べると想定し、3シート入り百円で販売しました。ザバス事業立ち上げと同じ1980年度のことです。

「そんなには売れないだろう」という読みで、宣伝はお金をかけず、電車の中吊りとポスターのみ。ところが予想に反して売れに売れ、製造が間に合わず、高速の打錠機を購入することになりました。大ヒット商品となって社長賞をいただきましたが、賞金は協力してくれた名古屋工場（当時）で宴席を設けきれいに使い切りました。

「腸内細菌の研究」で著名な光岡知足《ともたり》先生は、当時、理化学研究所に在籍し、「ビフィズス菌を研究する会」を主催しておられました。ビフィズス菌は、嫌気性菌でヒトの腸内に生息し、酢酸を産出することで強い殺菌力を持ち、腸の粘膜も保護するため腸内環境を悪玉菌から守ってくれます。

明治製菓もそこに入り研究を進めていました。当初、ガンの薬ができないかと考えていたようですが、難しいとわかり、腸内でプラスの働きをするビフィズス菌の用途を考えたのが、ヨーグレット開発の始まりでした。毎日ポリポリかんでビフィズス菌をお腹にとどける、というアイディアでした。

ハイレモンは「ビタミンCを手軽に」という着想です。私はザバスの販促やスポーツ栄養の講習会で全国を飛び回っていましたから、いつも鞄に入れ重宝していました。

駅の売店（キオスク）などでよく売れる商品でしたが、価格を変更したらおつりが面倒という理由で置いてもらえなくなりました。戦略の失敗です。「ちょっと身体によいものでもとっておこう」と思った時、通勤途上ですぐ手に入る利便さが失われ販売量を減らしてしまいました。

◆ビタミンC――素晴らしいコンディショニング効果

ビタミンCは、16～18世紀にかけての大航海時代、船員たちの間で流行した「壊血病《かいけつびょう》」を予防する成分としてオレンジから発見されました。**アスコルビン酸**とも呼ばれ、新鮮なくだものや野菜に多く含まれています。

第1章（P32）ではビタミンCが「コラーゲン」生成に欠かせないことを中心にお話ししました。

ビタミンCは「特別不思議なビタミン」

ノーベル賞を2度も受賞した米国の偉大な化学者、ライナス・ポーリングは、来日講演の冒頭で「ビタミンCは多くのビタミンの中で、特別不思議なビタミンである」と述べています。事実ビタミンCは、ヒトの**体内で起こる化学反応のうちおよそ50もの反応にかかわっている**とされます。以下、ビタミンCの主な働きを簡単にあげます。

ビタミンCの主な働き

抗酸化《こうさんか》作用
抗ウイルス作用
無機鉄《むきてつ》の還元《かんげん》作用

結合組織の形成
胆汁酸《たんじゅうさん》の生合成
ストレスに対する抵抗力を強める
メラニン色素の生成を抑《おさ》える
抗ストレス作用……

ビタミンCの歴史

ビタミンCは1920年ごろ発見され、1930年代初期、純粋なビタミンCの分離、化学構造の決定、化学合成の成功と研究が進みました。

しかし、その後、数十年研究は停滞します。いろいろな病気への治療実験が試みられましたが、はっきりした効果を確認できなかったのです。その理由は、ビタミンCがコラーゲンの生成にかかわっていること以外不明だったこと、また治験に使ったビタミンCの量が少なかった、からとされています。微量で有効というそれまでのビタミンの概念にとらわれていたのです。

そこに「ビタミンC大量摂取」という新しい視点を持ち込んだのが、ポーリング博士でした。彼は「**大量のビタミンCがカゼに効果を有する**」という説を『ビタミンCと風邪』というベストセラーで紹介します。

1970年代、ビタミンCとカゼは一大科学トピックになりました。

カゼの予防＝コンディショニングづくりのポイント

ヒトはカゼを引くのに野生の動物がカゼを引かないのはなぜでしょうか？

①すべての哺乳動物はビタミンCを体内合成できる

サル、モルモット、フルーツバット（というコウモリ）を除く哺《ほ》乳動物は、体内でブドウ糖を原料として必要なだけビタミンCをつくる能力を持っている。

②野生動物は体内のビタミンC濃度が高いためカゼのウイルスが増殖できない

ウイルスは生きた細胞の中でしか増殖しない。また細胞内に入り込んだとしてもビタミンCが高濃度で存在すると増殖できないと考えられる。

③野生動物のエサにはビタミンCが多い

体内合成できないサル、モルモット、フルーツバットも含め、野生動物のエサはビタミンCを多く含む。例えば、ヒトとほぼ同じ体重のゴリラのエサには、一日あたり数グラムのビタミンCがあり、これは日本人が一日にとっている50～100倍に相当する。

ビタミンCにはカゼの予防効果がある、感染しても軽くすむ

日本人は年平均20回もカゼを引くといわれていますが、自覚症状があるのはそのうち1～4回ぐらいという説もあります。カゼのウイルスが体内に入ったとしても、いろいろな防御機構が働いていて簡単にウイルスに負けないようになっています。この場合、ウイルス感染ですが、ウイルスや病原菌などに抵抗する力を防衛体力といいます。

防衛体力は、運動のような行動体力と、かならずしも一致するわけではありません。ですから、運動能力に優れたスポーツ選手がカゼを引かないということはありません。大切な試合前や遠征に際しては、ぜひこれらの研究成果を応用してコンディショニングしてほしいと思います。

スポーツ選手のビタミンC必要量とは

ビタミンCは水溶性ビタミンです。体内にはいくらも貯蔵できず、体重1キログラム当たり20ミリグラムぐらいで飽和するとされています。つまり、体重75キログラムの選手で体内にとりこめる量としてマックス1500ミリグラムとなる計算になります。これ以上とってても尿中に排泄されてしまう性質を持っています。

ビタミンCはどのくらいとればよいのか？

実のところ諸説があり、研究者の間で議論の対象となっています。

日本では1日の推奨量（2015年版食事摂取基準）を100ミリグラムと設定しています。しかし、この数字は普通の生活をしている人を対象にしていること、また壊血病を防ぐ、心臓血管系疾病を予防する、抗酸化作用の効果を期待するなどをふまえて算出されている量です。積極的に防衛体力を高めるという思想はとり入れられていません。

ビタミンCはストレスが高まったときに対応するホルモンの合成に使われるので、旧ソビエトの運動生理学者ヤコブレフらは、ハードトレーニング期には1日200〜250ミリグラムの摂取を提唱《ていしょう》しています。

米国のポーリング博士は、カゼやガンなどに対して、より積極的に免疫力を高めていくためには1日数グラム摂取するよう主張しています。

これら諸説のうち、どれを採択するか難しいところですが、筆者としては体重1キログラムあたり20ミリグラムの体内飽和状態を維持するという基準で、多くの選手にビタミンCを摂取してもらっています。つまり体重75kgならば1500ミリグラムという計算になります。免疫の主役である白血球中のビタミンCがこの量で飽和《ほうわ》に達する、というところを根拠にしています。

ビタミンC錠を遠征や合宿で使ってみたら

選手に同行する指導者から、過去の海外遠征で選手がたびたび発熱し、その対応で苦労したという話を聞きました。

対策として提案したのは、空港出発と同時に、さきほど述べた基準で1回200〜400ミリグラムずつを、日に3〜4回に分けてとってもらう、ということです。これは十数年、各種競技団体の遠征チームに続けてもらいましたが、以来「カゼで困った」という報告はほとんど受けていません。

選手を実験の対象とすれば、半数にはビタミンC錠を与え、残り半数にはプラセボ、つまりビタミンCをまったく含まない擬似の錠剤を与え、遠征終了後にその結果を集計するという手法をとればよいのですが、現実にはそのような協力を得ることはできません。全員等しくビタミンCをとってもらいました。

このため客観的に効果を判定することは難しいのですが、指導者の方々からの主観的な評価を聞くと「有効」という答えでした。

国内でも、いろいろな競技種目において、強化合宿など運動量が増大する機会をとらえて幾度となくビタミンC錠を使ってもらいましたが、ほぼ同様の結果が得られています。

◆ビタミンC（以下、V・Cと略す）の注意点

①ハードトレーニング期や酷暑《こくしょ》期、酷寒《こっかん》期には必要量が増えるのではないか……。

②試合が近づき絶対にコンディションを崩してはいけないときは、少なくとも食事を含めて、1日1000ミリグラムぐらいとり、ウイルスや細菌におかされない防衛体力を上げておく。つまり体内のV・C濃度を高め、その状態を維持する。

③サプリメントでとるV・Cは、通常の食事で野菜などからとる場合と比べて、排泄までの時間が非常に短いので、朝、昼、夕と分散して摂取した方がよい。

④V・Cはビタミンのなかで最も熱に弱い。調理法に注意をはらう。

⑤試合前、ビタミン摂取を増やすために朝、昼、夕とがんばって日ごろの何倍もの野菜やくだものをとるのは不可能に近い。食物繊維やペクチンという不消化な成分によって腸の具合が悪くなることもある。こういう時は、V・C錠などを使う方がよい、と筆者は考える。

⑥じゃがいもやさつまいものV・Cはでんぷんによって保護されているため、加熱調理し

ても分解されず残る割合が高い。
⑦食品成分表にある、V・C含有量の高低にまどわされない。数値が高くても1回に数グラムしか食べられないもの、たとえばパセリ、含有量は中くらいにみえてもある程度の量がとれる、たとえば、ミカン、いちごなど、考えて摂取してほしい。

ストレスに負けないために

第1章ビタミンCの項で（P32）ストレスが高まると副腎皮質《ふくじんひしつ》ホルモンの活性が高まり、ビタミンCの消費が増大することを述べました。

副腎はストレスに対応して、コレステロールを原料にビタミンCを消費しながらストレス対応のホルモン、「副腎皮質ホルモン」を産生しています。副腎や脳下垂体といったホルモンをつくる臓器には、他の臓器に比べて高濃度でビタミンCが存在しています。

ラットを使った動物実験で、ストレスを与え、どのようにビタミンCを合成するか調べた研究があります。ラットの体重をヒトの体重相当にして試算してみると、1日あたり1・5グラムほどだったビタミンCの合成が、強いストレス下では10グラム以上に急上昇したと報告されています。

運動はストレッサーである

生体にストレスを与えるものをストレッサーと呼びます。ストレッサーのレベルに応じて副腎ホルモンが分泌され、ストレスに対抗するメカニズムが働きます。たとえば、大やけどを負うと、血液中の副腎皮質ホルモン濃度が急上昇する一方、副腎のビタミンC量が減少することがわかっています。

運動選手にとって、ハードトレーニングをはじめとする身体活動は強烈なストレッサーといえます。副腎ホルモンは安静時の50〜100倍に高まるといわれています。

夏の高校野球大会でチームのビタミンC摂取状況を調べた研究では、ビタミンCの少なかったチームでは、疲労回復が遅く疲労が蓄積されていった、という報告があります。ビタミンC不足の状況では、副腎皮質ホルモンの産生がスムーズに行かない→ストレスに対する抵抗力が弱まり疲れがたまった、とみることができるでしょう。

ヒトはビタミンCを体内でつくることはできません。あらかじめ体内のビタミンC濃度を高めておいて、ストレスに立ち向かうことが必要なのです。

ビタミンCは活性酸素種を分解してからだの酸化を防ぐ

からだの細胞の中では酸素を利用してエネルギーを産生する過程で、酸素が還元して「活性酸素種」が生み出されます。活性酸素種は細胞の構成成分であるたんぱく質や脂質、DNAを酸化します。強力な抗酸化物質であるビタミンCは活性酸素種を分解してからだの酸化を防ぐ働きを持ちます。

運動選手は、運動時、普通の人に比べて何倍ものエネルギーを産生します。それに応じて**活性酸素種も多く生じる**といえます。

◆ビタミンE——運動能力に関与

ビタミンEとは

脂溶性ビタミンの一つで、4種のトコフェロールと4種のトコトリエノールの総称です。体内に分布するビタミンEの大部分がα-トコフェロールであることから「日本人の食事摂取基準」(2015年版)ではこのα-トコフェノールの目安量(mg)をビタミンE量として示しています。日本人は、植物油、アーモンド、落花生、大豆などの種実類、緑黄色野菜、いくら、たらこなどの魚卵類、青魚などからその多くを摂取しています。

発見は家畜の不妊症研究から

1922年、動物実験で不妊が改善される因子、ビタミンEが発見されました。トコフェロールとも呼ばれます。ギリシア語起源で、トコス「子どもを生む」フェロ「力を与える」にアルコールを意味する-olをつけた合成語です。

強い抗酸化作用

その後の研究でビタミンEには強い抗酸化作用があることがわかり、治療薬などにその用途が広がっています。スポーツ分野への応用は、1954年米国のキュアトン博士が、ビタミンEと運動能力向上の研究を発表したのがはじめです。

メキシコオリンピックで活躍したビタミンE

１９６８年のオリンピックは標高２２５０メートルのメキシコシティで開催されました。このため各国の運動生理学者は、酸素の希薄な高地で有利に戦うための研究に競って力を注ぎました。

日本でも順天堂大学体育学部、青木先生らのグループが同大学陸上部の長距離選手を対象に研究にとりかかりました。（P34）

研究は、筋肉における酸素利用の効率を高めるといわれるビタミンEの服用グループと非服用グループの比較という形でおこなわれました。44日間のトレーニングののち、高地と平地でタイムトライアルを実施した結果、走行距離が３０００メートル以下ではあまり差がないのですが、

5000メートルでは平均20秒以上
20000メートルでは1分以上

いずれもビタミンE服用グループのほうがよい成績をおさめたことがわかりました。

また自転車エルゴメーターによって換気量、酸素摂取量、運動後の血中乳酸量（疲労物質）を調べたところ、いずれもビタミンE服用グループが良好な結果を示しました。

青木先生らはこの研究を、メキシコオリンピックの前年、第21回日本体力医学会で発表しています。「ビタミンEが酸素利用効率を高める……」という研究成果が、以降のオリンピック代表選手のトレーニングにとり入れられたのはいうまでもありません。

ヒトのからだの脂質も酸化される

同じサラダ油で何度も天ぷらを揚げていると、油が褐色に変化し、粘度も増してくることを経験された方は多いでしょう。このような油脂の劣化は、油脂と酸素が反応して過酸化物《かさんかぶつ》が多くなって起こります。リノール酸に代表されるヒトのからだの脂質も、長い年月のうちには少しずつ酸素と反応して過酸化物が増加します（図19）。

ビタミンEは生体抗酸化剤

脂溶性ビタミンEは脂質とともに腸管からリンパ管を経由して体内に吸収されます。

毛細血管や細胞膜などをひとくくりにして生体膜と呼びます。生体膜はリノール酸などの不飽和《ふほうわ》脂肪酸《しぼうさん》や他の脂肪成分から構成されていますが、ビタミンEはそれらを酸化障害から守るために細胞膜内に存在しています。そして、過酸化脂質の生成を抑制し、血管を健康に保つなどの働きをしているのです（図19）。心拍数が高くなるような

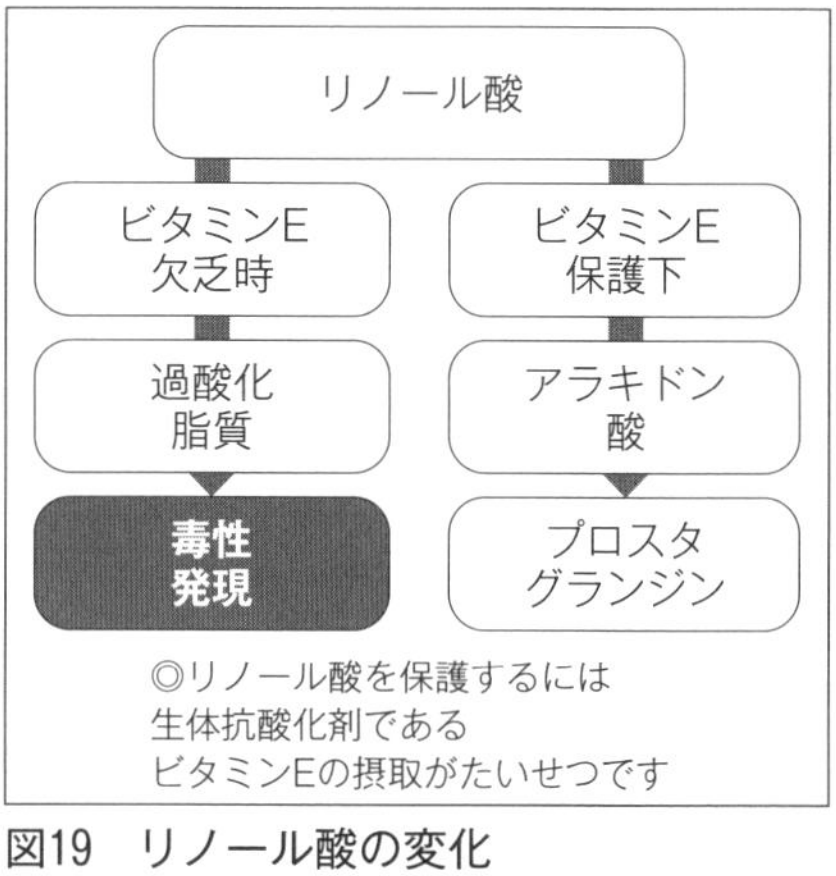

図19　リノール酸の変化
（出典 長井正信：小麦胚芽のすべて）

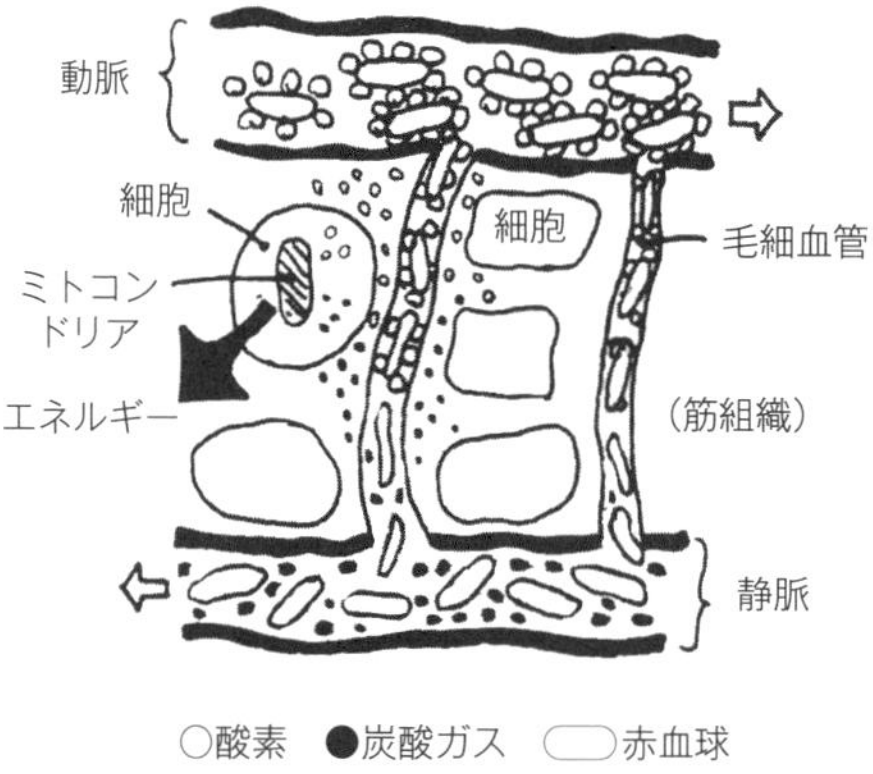

図20　筋肉細胞への酸素供給モデル

激しい運動をする人はビタミンE摂取が推奨されます。

体内での酸素の流れ――生体膜の良否が影響

吸入した酸素↓肺の末端である肺胞部の毛細血管↓血管中で赤血球と結合して体内の各部へ運ばれる↓そのうちの筋肉においては末端動脈に接する毛細血管に運ばれ赤血球と離れる↓ふたたび毛細血管壁を通過し細胞膜を通って細胞内に入る↓細胞内のミトコンドリアを包む膜を通過してミトコンドリア内でエネルギー発生に利用される（図20）。

酸素は、このように何度も毛細血管壁や細胞膜、つまり生体膜を通過しなければ、ミトコンドリアまで達することができません。ですからこの生体膜の良否が運動能力に大きく影響してくるのです。

生体膜はリノール酸、アラキドン酸など不飽和脂肪酸などからつくられていますので、ビタミンEが不足すると過酸化脂質となり、それが生体膜の劣化をまねく、つまり膜透《まくとう》過《か》性《せい》が落ちてしまうということになります。

生体膜は酸素だけではなく、すべての栄養素の供給、老廃物の運搬などにかかわっています。ビタミンEは**細胞レベルの若さを維持するのに有効**であるため「**若返りのビタミン**」などとも呼ばれています。

欠乏症と自覚しにくいビタミンE

第一の欠乏症が不妊症であることから、欠乏症状を見出しにくいビタミンといえます。

２０１５年食事摂取基準ではα-トコフェロールの目安量で1日に必要なビタミンE量を設定し、18歳以上男子で６・５ミリグラム、同女子で６・０ミリグラムとしています。摂取量の３分の２は便に排出され過剰症は起こりにくいとされますが、耐用上限量が、同男子８００ミリグラム、同女子６５０ミリグラムと定められています。

ビタミンEは、ビタミンC（抗酸化作用が増す）、カロテンを多く含む緑黄色野菜といっしょに、また脂溶性であることから油料理とあわせてとると効率がよいとされています。**表19**に含有量の多い食品を示します。

スポーツ選手のビタミンE摂取量について

健康維持するためのビタミンE量は必ずしも明確ではないが、不飽和脂肪酸1グラムあたりビタミンE０・８ミリグラムという米国ホーウィットの説が有力です。これは1日あたり12〜15ミリグラムが基準となりますが、いくつかの実験結果からすると、トレーニングに励む運動選手ではこの３〜５倍程度が望ましいと考えられます。

実際には運動選手が通常の食事で必要量を確保するのはきわめて困難と思います。天然物で最もビタミンEを多く含む小麦胚芽油に、さらに別にとり出したビタミンEを添加して含量を高め、ゼラチンの被膜で品質を安定させたソフトカプセルが市販されています。そういうものか、医薬品としてのビタミンE剤を用いるのが確実だと思います。ビタミンEは割合に代謝がゆっくりであり、体内に蓄積されるので、医薬品として高単位のものを短期間多量摂取するより、適当量を長く摂取したほうが有効のように思います。

なお、順天堂大学青木先生らは、ビタミンEとCを併用することにより、相乗効果が生じ持久力向上に有効という論文も発表しています。参考にしてください。

	100g当たり(mg)	1回目安量
小麦胚芽（焙焼品）	28.3	（注）
アーモンド（炒り）	28.8	10g 2.9
落花生（炒り）	10.6	10g 1.1
コーン油	17.5	小さじ1　4g 0.7
なたね油	15.2	0.6
サーモントラウト切身	5.5	80g 4.4
ウナギかば焼	4.9	80g 3.9
ツナ缶（ビンナガマグロ）	8.3	1/2缶　40g 3.3
西洋カボチャ	4.9	80g 3.9

表19　ビタミンEを含む食品（α-トコフェロールで）

注・小麦胚芽は焙焼・粉砕加工したものが市販されている。フレークは他のシリアルのようにミルク、ヨーグルトなどといっしょにとったり、粉末はハンバーグのつなぎ、シチューにまぜるなどの利用法がある。

ミネラル

ミネラルとは

栄養学では、人体を構成する元素のなかで、酸素、炭素、水素、窒素の4つを除いた他の元素をミネラルと呼びます。(図21参照)

骨や歯、筋肉や血液など人体の構成成分となるほか、さまざまな生理調整機能、たとえば心臓の鼓動、凝血、血圧維持、神経反応、肺から組織への酸素運搬などにかかわっています。

ミネラルの種類

「食事摂取基準」(2010年版)では、13種類のミネラルの摂取基準が示されています。硫黄はたんぱく質に含まれるため、またコバルトはビタミンB_{12}に含まれているため、それらの基準で同時に摂取できるので定められていません。

●必要量(1日あたり100ミリグラム以上)が比較的多いもの：主要ミネラル

カルシウム、リン、カリウム、ナトリウム、塩素、マグネシウム、硫黄

●必要量が微量(1日当たり100ミリグラム以下)なもの：微量ミネラル

鉄、銅、ヨウ素、亜鉛、マンガン、セレン、コバルト、モリブデン、クロム

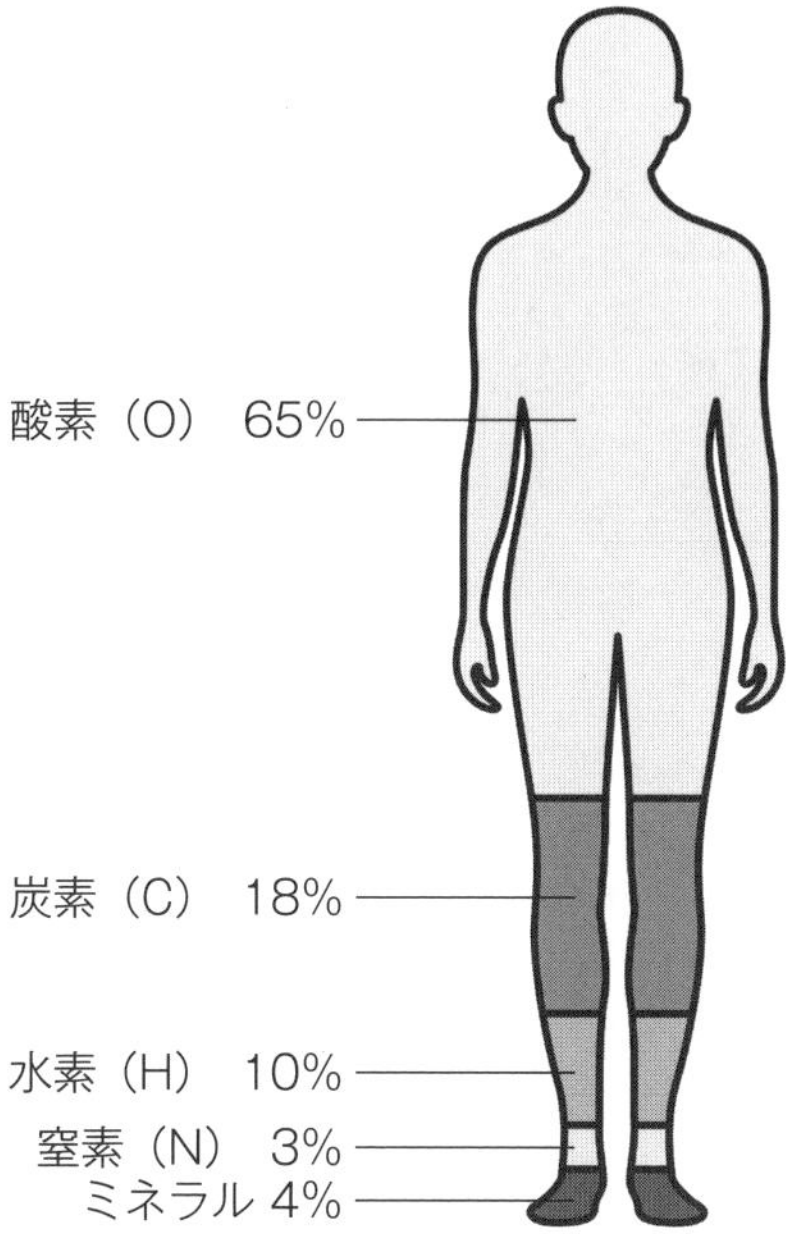

＊数値は全体に対する重量%

準主要元素

カルシウム	(Ca)	1.5～2.1%
リン	(P)	0.8～1.2%
カリウム	(K)	0.3～0.4%
硫黄	(S)	0.25～0.3%
ナトリウム	(Na)	0.15～0.2%
塩素	(Cl)	0.15～0.2%
マグネシウム	(Mg)	0.05～0.1%

微量元素

鉄	(Fe)	0.006%
亜鉛	(Zn)	0.002%
セレン	(Se)	0.0003%
マンガン	(Mn)	0.0003%
銅	(Cu)	0.00015%
ヨウ素	(I)	0.00004%
モリブデン	(Mo)	超微量に存在
コバルト	(Co)	超微量に存在
クロム	(Cr)	超微量に存在
フッ素	(F)	超微量に存在
ケイ素	(Si)	超微量に存在
バナジウム	(V)	超微量に存在
ニッケル	(Ni)	超微量に存在
スズ	(Sn)	超微量に存在

出典：基礎栄養素第４版
国立健康栄養研究所
南江堂

図21　人体の構成元素

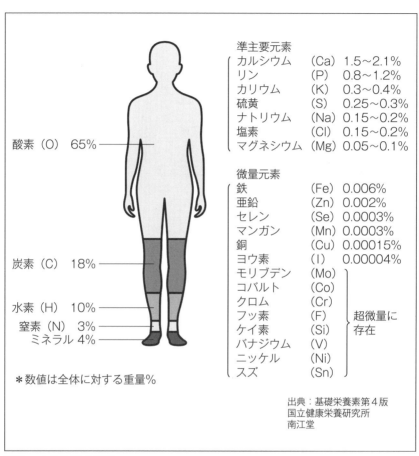

に分けられます。健康維持、成長に欠かすことのできないものですが、適量とることが必要です。理由は「ミネラルの難しさ」で述べます。

※単位

1ミリグラム・1gは1000mg

1マイクログラム・1mgは1000μg

精製、現代食生活の問題点

所得が向上するといわゆる「豊かな食生活」がもたらされました。

おいしくないものは売れない……食品会社はより消費者に受け入れられるものをつくり出そうと、日夜努力します。

このため食品の味、香り、食感の質を高める工夫をする一方で、香味を損《そこ》ねる部分を排除することにも熱心になります。その代表的なものとして、精製塩、白砂糖、精製小麦粉、白米、精製サラダ油などをあげることができます。

精製の過程で不味《まず》い成分として除去されるものには、とり除いたほうがよい成分がある一方、健康には欠かせない大切な栄養成分であるビタミン、ミネラルも含まれています。

その代表的なものとして小麦胚芽があげられます。

胚芽はタネが発芽する部分ですが、脂肪が多く、貯蔵に難があるので、小麦粉にするときには分離されます。含んでいる栄養素は、小麦粒全体のうち、ビタミン$B_1$26%、ビタミン$B_6$64%、たんぱく質6%（『小麦胚芽のすべて』長井正信著）となっています。

1粒の小麦のうち、約2・5%というごく小さい「胚芽」部分が、非常に高い栄養素を含んでいることに驚かされます。

また小麦胚芽はミネラル成分として、マグネシウム、カルシウム、リン、カリウム、亜鉛、鉄、マンガン、銅、ナトリウムを含みます（表20）。精製の過程で大切な栄養素をとり除いているわけです。

ビタミンとミネラルの違い

ビタミン類については他に代替する食品も多く、さらにいろいろな方法で生産されています。それらは食品添加物に利用され、ビタミン剤やサプリメントとして販売されていますし、そういうものを摂取しても効果は変わらないので、ミネラルをとるような難しさはないといえます。

ミネラルの難しさ

これに対し、ミネラル類にはいくつか問題点があります。

①過剰症と欠乏症が発現する巾《はば》が狭い
②軽度の欠乏症では固有の症状が出ないので医学的に見つけにくい
③ビタミン剤のように簡単に補給できる加工食品や医薬品が少ない
④数種類のビタミンは腸内細菌が合成するものもある。しかし、ミネラルは体内で合成さ

れることはないので、体外からとり込む必要がある
などがあげられます。

ミネラルは食べものに自然に含まれる状態で少しずつとる

したがって、食べる側が「ミネラル類を摂取する」という意識を持って、食品を選ぶ必要があります。それには**食品の知識が必要**となってきます。

たとえば、海水を煮詰めてつくっていた昔の塩は海水中のミネラルの濃縮物であり、数十種類のミネラル（マグネシウムやカルシウムなど）を含んでいましたが、イオン交換法という製法でつくった精製塩は塩化ナトリウム99％以上のほぼ純品《じゅんぴん》であり、他のミネラルはほとんど含まれていません。しかし、売り場には天然塩をはじめいろいろな塩が並んでいますから、製法や成分表示などを確かめて商品を選ぶとよいのです。

冒頭（Ｐ３）で「食事を変えたら新記録を出すことができた」と語った三段跳の元世界記録保持者Ｗ・バンクス、彼とは名古屋で開催されたスポーツシンポジウムで、パネリストとして同席したのですが「ホワイトブレッドをやめてブラウンブレッド（全粒粉パン）に替えたら練習量を増すことができた。これが新記録を生み、チャンピオンへの道を開いた」と発言していました。

全粒粉パンにすることで、いろいろなミネラルがうまく補給できたのです。ですから「白パンはダメだ」と語ったのでしょう。

	灰分 (%)	マグネシウム (%)	カルシウム (%)	リン (%)	カリウム (%)	亜鉛 (%)	鉄 (PPM)	マンガン (PPM)	銅 (PPM)	ナトリウム (PPM)
強力小麦胚芽①	4.13	0.26	0.04	0.82	0.90	0.01	78	139	7	67
薄力小麦胚芽②	3.94	0.24	0.24	0.86	0.94	0.01	74	181	8	51

①胚芽含有率 73%　②胚芽含有率 76%（原麦W.W100%）

（出典　長井正信：小麦胚芽のすべて）

表20　小麦胚芽のミネラル成分表

名称	主な生理作用	主な欠乏症	成人一日概量
マグネシウム	エネルギー転換酵素に必要。神経興奮を静める	神経が興奮しやすくなる	0.2~0.7g
カルシウム	骨歯の成分。血液をアルカリ性にし、血液凝固作用に関係	骨格発育不全。神経過敏になる	0.7g
リン	骨歯の成分。核酸の成分。ビタミンB_1、B_2の補酵素成分	骨歯が弱くなる	0.9g
カリウム	心臓機能、筋肉機能の調節、体液の調整	筋無力症	4g
亜鉛	皮膚、骨格の発育、維持に必要	発育障害	15mg
鉄	血色素の成分	貧血	11mg
マンガン	造血作用、酵素作用に関係	骨の発育低下、運動失調	4mg
銅	造血作用	貧血	2.5mg
ナトリウム	体液、消化液、血液の成分	倦怠、精神不安	0.5~5g

（出典　長井正信：小麦胚芽のすべて）

表21　小麦胚芽中の主なミネラルの効用

全粒粉には、様々な有用成分が含まれていますが、中でも重要なのはミネラル類です。**表21**に、小麦胚芽中の主なミネラルの効用を示しています。参照してください。

微量ミネラル類は、長期、過剰に食べさせれば過剰症や中毒が発現します。たとえば、セレンは必須の栄養素ですが、過剰に摂取すると、脱毛やツメがもろくなって脱落するなど健康被害があることが知られています。

要するに**過剰症を起こさないで微量ミネラルを適量摂取する方法としては、食物中に自然に含まれる状態で少しずつとる、というのが最良**と筆者は考えています。

生物まるごと全部食べてしまう

未精製の穀物、大豆、ゴマ、ナッツ類といった植物の種子とか、くだものなどを丸ごと食べると、大体人間に必要な元素を含んでいるとみてよいでしょう。海産の丸ごと食べられる魚介類も同じ意味です。

野菜では、土の中で育つ人参、ゴボウ、レンコンなどが割合ミネラルを多く含みます。果実類の中にも、プルーン、干しブドウなどミネラル類の多いものがあります。

おいしさばかり追求する食生活をやめて、少し気を配れば微量ミネラルの不足はほとんど起こらない、ともいえます。

微量ミネラルとスポーツの関係はほとんど研究されていないため詳細は不明です。通常の食生活をしていれば欠乏症はないとされているものが多いのですが、運動選手の摂取量とか、不足傾向で発現する影響などは明らかではありません。ビタミンの働きを助けているものが多いことから、今わかっていることだけでも理解し、いろいろな食品をとるようにしてほしいと思います。

※**カルシウム**は疲労性骨折（P170）、**鉄**については運動性貧血（P163）のところでまとめました。ここでは、汗で失われやすいカリウム、マグネシウムについて述べます。

◆カリウム

カリウムは体内に成人で100～150グラムほど含まれます。

ヒトのからだのおよそ60％は水分ですが、その水はおおまかにいうと、**細胞内液**と**細胞外液**に分けて考えることができます。細胞外液とは血液やリンパ液など細胞外にあるすべての水分です。**図**

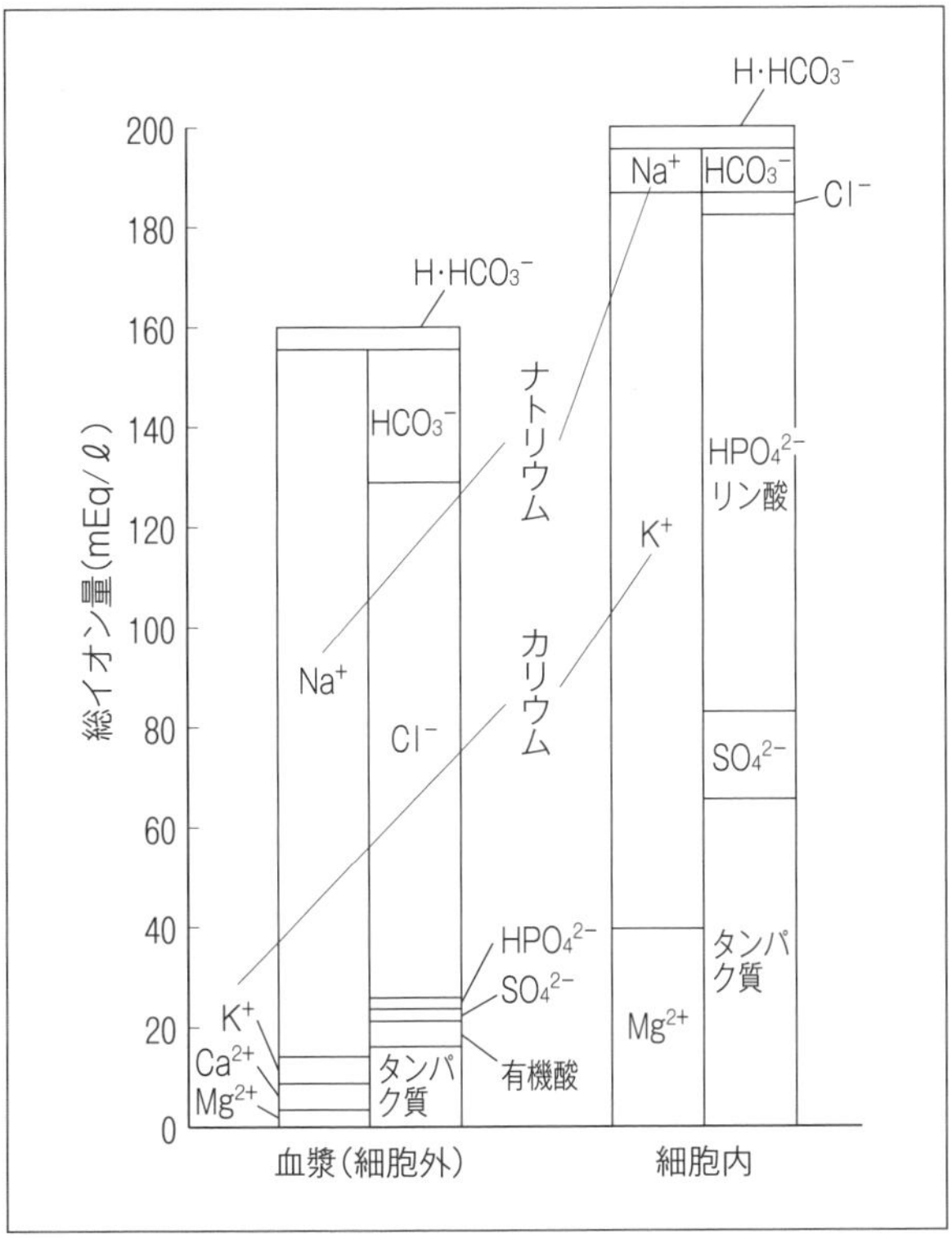

図22　血漿と細胞内水の電解質組成（Martinら、1983）

22を見てください。両者が含むミネラル成分には大きな違いがあります。**カリウムの大部分は内液に存在し、ナトリウムの大部分は外液に含まれます。**細胞膜にはポンプ機能があって、つねに適正な濃度になるよう調節されています。**ナトリウム、カリウムが相互に作用しながら細胞の浸透圧を維持したり、水分保持したりしている**のです。どちらが欠けてもそのバランスはくずれ、生命活動の基本単位である細胞は機能しなくなります。カリウムは、筋肉の収縮・弛緩《しかん》、神経の伝達などにもかかわっていますので、正常な機能が維持できなくなると推測されます。

カリウムの必要量

目安量は体内カリウムの適正量を維持する、目標量は高血圧など生活習慣病を防ぐ観点から18歳男子でそれぞれ２５００ミリグラム、３０００ミリグラムと定められています（２０１５年版）が、諸外国の文献では**発汗の多い運動選手**は５０００ミリグラム以上と記載されているものもあります。カリウムは野菜をゆでると半分ほど溶出するとされ、十分にとるにはキュウリ、ナスなどの夏野菜、スイカ、メロンなど水気の多いくだものが最適です。アメリカ開拓時代には、干しブドウや干しプラムが活躍しました。

◆マグネシウム

マグネシウムは体内に25グラムほどあり、そのおよそ半分は骨に、残りが細胞内液や筋肉、脳、神経、血液に分布しています。特徴は**カルシウムと拮抗して血圧を調節したり筋肉の収縮を調節**したりします。**筋肉内でグリコーゲンを分解して高エネルギー物質ATPを産生する反応**、**つまり筋肉づくりにも必須**です。また**アミノ酸からたんぱく質が合成される反応に関与**し、18歳以上男子の推奨量は1日に340ミリグラムとされています。

汗や尿といっしょに体外に排泄されやすいので、スポーツ選手では摂取に留意する必要があります。小林修平先生らの体協研究班がスポーツ選手のミネラル必要量に関する研究を行ないその報告書で「トレーニング期のマグネシウム摂取量を一般成人推奨量より高め、少なくとも1日に400〜500ミリグラム」としています。アーモンド、ピーナッツなど種実類、緑の濃い野菜、大豆、魚介類などに特に多く含まれますが、食事でコントロールできない人はスポーツフーズの中にマグネシウムを添加したものもあるので、適宜、利用するのもよい方法だと思います。

◆亜鉛

亜鉛は体内に2グラムほど含まれ、多くの**酵素の構成成分としてさまざまな働きをしています**。細胞分裂やたんぱく質の合成にかかわっているため、成長に欠かせません。牡蠣《かき》をはじめとする魚介類やレバー、肉に多く含まれます。**不足すると、味覚障害が起こる**ことで知られています。

コラム⑥

さかど葉酸プロジェクト

葉酸はビタミンB群に属し、ホウレン草など緑色の濃い葉野菜、ブロッコリー、緑茶、枝豆などに多く含まれます。その働きは、①ＤＮＡの合成をサポート、②正常な赤血球をつくって貧血予防、③赤ちゃんが二分脊椎《にぶんせきつい》症などになるのを防ぐ、④ホモシステインを減らし動脈硬化を予防する、など多岐にわたります。

世界81カ国では、赤ちゃんの健康を守るため、葉酸を穀物に添加しています。日本でもこのごろやっと「妊娠を意識したら葉酸を」といったテレビＣＭが流れるようになりましたが、葉酸というビタミンを詳しく知らない女性も多いのです。

そこで女子栄養大のおひざ元、坂戸市では大学とタッグを組んで、健康セミナーや食事教室を開き、１日４００μgの葉酸摂取を呼びかけています。市内のパン屋さんでは葉酸ブレッドを、レストランでは葉酸が多くとれるメニューを提供しています。このプロジェクトは、開始からすでに10年以上、息の長い取り組みとして県から表彰されました。

最近の研究で、ホモシステインは動脈硬化だけでなく、骨コラーゲンの劣化にも関わっている（Ｐ173）ことがわかってきました。葉酸（注）は、スポーツ選手にも大切なビタミンといえます。

注・葉酸はビタミンB_6、ビタミンB_{12}などと協働するため、いっしょにとるのが望ましい。炊飯のときに混ぜる栄養強化米「葉酸米」には葉酸と３種類のビタミンＢ類が入っており、手軽に補給できる。

第6章

運動性潜在栄養欠陥状態

決して少なくない、運動性潜在栄養欠陥状態

私がスポーツ選手の食事調査を始めた頃、大学寮生活者の食事内容は、一般に貧しい部類でしたが、不足分を自分の小遣いで補う選手がいる一方、自由なお金はすべて趣味につぎ込み寮の食事だけで我慢する選手もいました。その結果、同じ食事をとっていても、栄養状態にはかなり個人差がみられました。

栄養摂取が限度を超えて偏《かたよ》ってくれば、本人は体調の不振を訴えるようになり、周囲も気づくし、検査を受ければ異常が見つかって治療が開始されます。

これに対し、普通の生活ではどうにか恒常性を維持できる程度の食生活（この場合は寮の食事）であっても、激しいトレーニングなどで運動量が増加すれば、消耗が増大し栄養の相対的不足状態となって、ごく軽度の栄養不良が生じてくると考えられます。

しかし、このレベルでは病的な症状は発現しないので、本人も周囲もなかなか気づきません。集中力に欠ける、練習中の態度がだらける、最後まで全力でやらない、日常生活のすごし方が怠惰になるなど、一見すると練習のやりすぎで疲れているとも理解できます。また、何かの事情でやる気を失ったようにも見えます。

このような状態を、一般的には潜在的栄養欠陥状態といいますが、筆者は、特にスポーツトレーニングによって生じるものを、**「運動性潜在栄養欠陥状態」**と名づけ、問題提起

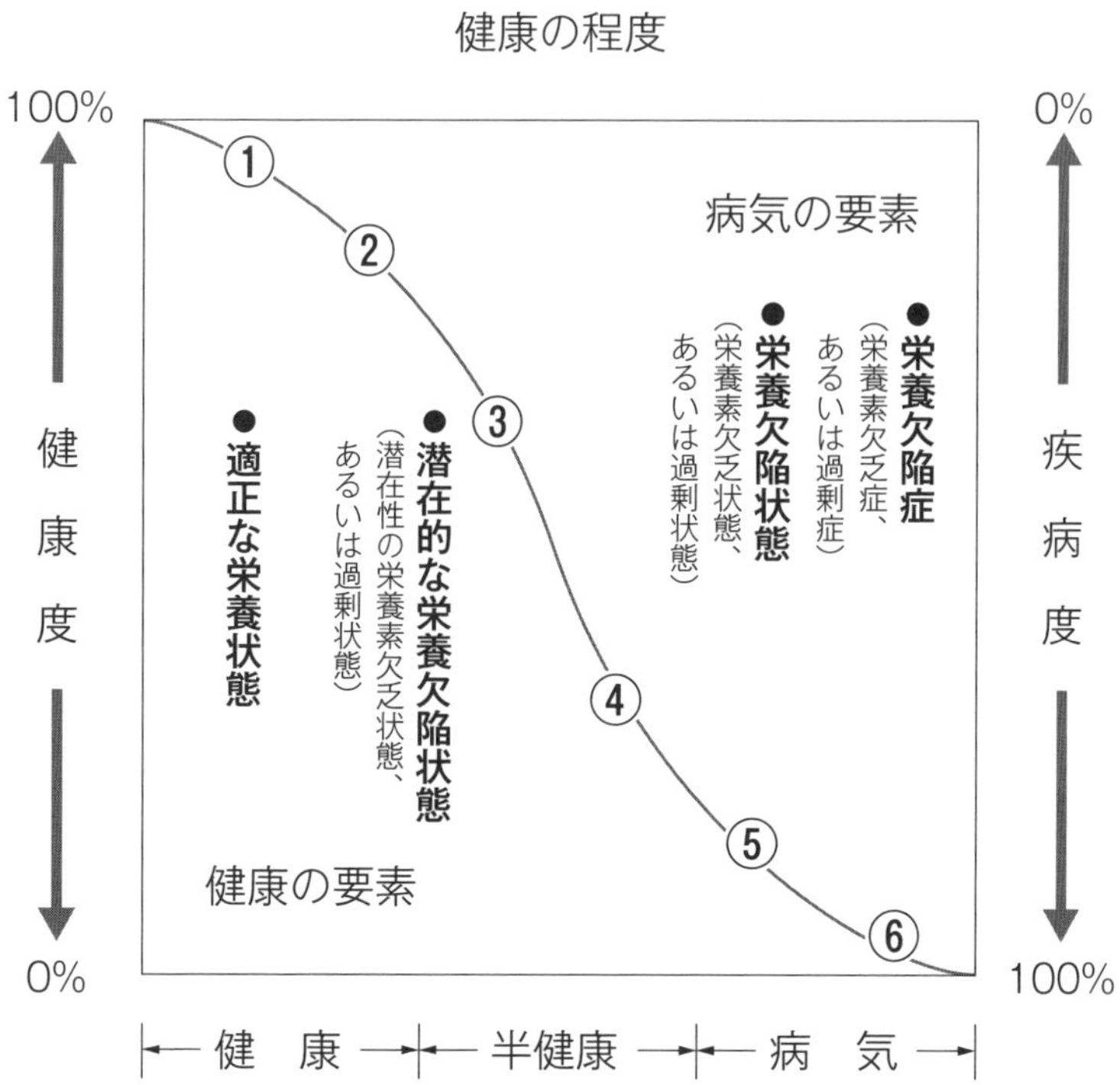

健康度
①最も良い健康
②ふつうの健康
③病気に近い健康
④軽度の病気
⑤病気
⑥重い病気

表22　健康の程度

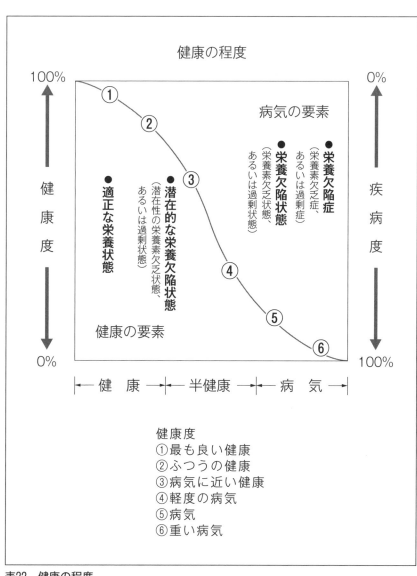

してきました。なぜ区別するのか、それは練習を休めばそれだけで栄養状態が回復して、体調が正常に戻っていくからです。運動を休止することで、栄養の必要レベルが下がり、今までとっていた食事で栄養がほぼ見合うようになり体調が戻っていく、という理解です。

実際のところ、プロからジュニアまで幅広くスポーツ選手を調べてみると、運動性潜在栄養欠陥状態と思われる例は、決して少なくありません。

対策としては、**競技力の向上を目指すならば、選手の食事教育が必須です**。「選手が自分のスポーツに最も好都合となるような質と量の食事を、自分で選ぶことのできる力」といっていいのでしょうか、豊かな食環境のなかで自分自身のコンディションを良好に維持できる食べものを選ぶ力、いわば「**選食の知識**」を身につけさせることが必要ではないか、と思うのです。

表22は東京大学細谷名誉教授が提唱された栄養状態の考え方をふまえて作成したものです。

次に選手の症状、または兆候からみた栄養対策を述べます。運動性貧血、疲労性骨折、ビタミン不足症候群……と続きます。

そのあとにスポーツ指導者や保護者の方が、「選手への食事教育」をされるときの手助けとなるよう「理解させておくべき事項」を付します。

意外に多い運動性貧血、鉄分を十分に

ハードトレーニングに耐えられない原因の一つ、貧血

スポーツの種類にもよりますが**運動性貧血は運動量が増加することで発現することが多いのです。**軽くて短い練習ならはつらつとやっているのに、合宿などでハードなトレーニングが続くと顔面蒼白《そうはく》となり、疲労の蓄積が著しく、チームメイトと同じ練習メニューを消化できなくなる選手がいます。こういう場合、まず貧血を疑い、血液検査をしてみるとかなり高い確率で運動性貧血を発見できます。

ヘモグロビンの低下

運動性貧血の大半は、赤血球の主な成分で血色素といわれるヘモグロビンが低下している、低色素貧血です。

ヘモグロビンは酸素運搬という重要な働きをしています。赤血球のほぼ3分の1を占め、鉄（ヘム）とたんぱく質（グロビン）が結合してできています。

気づかない貧血の初期症状

女子スポーツ選手における貧血症の存在率は数十％、チームによっては約半数が貧血症であったという調査結果もあります。女性では月経血によって鉄損失が大きいわりに肉類

などの摂取量が少ないことが原因とされています。

男子では中、高校生に多く、これは急激な身長の伸びに伴う血液や筋肉量の増加と、この時期、スポーツへのとり組みが本格的になり運動量も増大することが重なって、必要とされる栄養素が不足するためと思われます。

貧血の進行はきわめてゆっくりであることから、身体がそれに慣れてしまって本人も周囲も初期症状はほとんど気づかないことが多いのです。

貧血のサイン

実際に血液検査し、貧血が発見された本人に生活状態をアンケートしてみると、**軽度の段階**では

①朝早く起きられない
②帰宅するとゴロゴロ寝てばかりだった
③授業中、特に午後の授業で居眠りが多かった
④日常、積極的に行動できない、ヤル気がない

というような回答が多くみられました。しかしこれらは運動をやりすぎたとき誰にでも起こることなので、運動をやりすぎたのか、それとも貧血なのか、は検査なしで判断することが困難です。実際にはこの段階の貧血症が最も多いと思われ、筆者は**スポーツ性潜在栄養欠陥状態**と名づけ、問題提起しています。

はっきりとした病的症状

貧血がもう少し進むと、
①練習中気合が入らない　②筋肉疲労の回復が遅れる
③全身倦怠《けんたい》　④肩こり
を伴います。この段階では練習効果が上がらないばかりか強行すると
①顔面蒼白《そうはく》　②めまい　③動悸《どうき》
などはっきりとした病的症状があらわれ、運動継続は困難になります。

赤血球の破壊が亢進《こうしん》する

運動量の増大にともなって赤血球の破壊が亢進します。その破壊量に見合った赤血球、またはヘモグロビンの再生が行われないことによって起こるのが運動性貧血です。

赤血球の破壊が亢進する原因を以下にあげます。

①赤血球の寿命が短くなる

骨髄でうまれた赤血球の寿命は通常120日とされる。別に、体内循環距離が計500キロメートルに達すると破壊に至るという説がある。運動によって血液循環スピードが上がればその分はやく500キロメートルに達するので寿命は短くなる。

②物理的衝撃や摩擦で

たとえば足の裏にかかる強い衝撃で赤血球の破壊が増大することが分かっている。

③ストレス

激しいトレーニングの繰り返しは、アドレナリンなどのホルモン分泌を亢進させ、この影響で脾臓《ひぞう》（注）の働きが高まり、溶血化因子が活発に働き、赤血球の破壊が促進される。

注・脾臓は、古くなった赤血球を壊し、ヘモグロビンから鉄を回収する。

対策は、運動選手らしい食べ方をすること

運動による赤血球破壊の増大は避けられないといえます。スポーツをすれば多かれ少なかれ、そうなると覚悟してこれに対処する必要があります。つまり、合成に必要な各種栄養素を確実にとる、すなわち「運動選手らしい食べ方をする」ことに尽きると思います。

運動性貧血の解決

ヘム鉄と非ヘム鉄を理解し、鉄の吸収をよくするものをいっしょにとる

単純な鉄欠乏性貧血は食事で改善することが基本です。

鉄分は一般的に吸収率が低いミネラルです。平均して、食べものに含まれる鉄分のうち約10パーセントしか吸収されないといわれています。また一回に多量にとるとさらに吸収率は下がります。鉄分の中でも吸収のよいヘム鉄は、レバー、赤身の肉、赤身の魚、貝類などに多く含まれます。体内への吸収率は約15～25％とされます。

一方、非ヘム鉄は小松菜などの緑黄色野菜、大豆製品、ひじきなどの海藻類などに多く含まれますが、この植物の鉄（非ヘム鉄）は吸収にやや難点があります。また卵・乳製品に含まれる鉄も非ヘム鉄です。体内吸収率は約５％とされています。

鉄の吸収は胃の中にいっしょに存在する他の飲食物の影響を受けやすいので注意が必要です。**吸収を促進するものとして、たんぱく質とビタミンＣ**、吸収を抑えるものとして食物繊維類、お茶（タンニン類）などが知られています。

ビタミンC、たんぱく質、B_6、B_{12}、葉酸を摂取

一般に貧血症と診断されれば健康保険が適用され、医師に鉄剤（非ヘム鉄）を処方してもらえますが、ビタミンＣは処方されません。自費で購入するという対応になります。食

後30分以内に必ず**ビタミンC**といっしょに服用することが必要です。ビタミンCには還元作用があり、胃の中で無機質の鉄分を還元して、吸収率を改善すると考えられます。**選手の体質と鉄剤の種類によっては胃の調子が悪くなることがあります。**その場合は医師に相談してください。

また造血効果のあるビタミンB_{12}、B_6、葉酸を多く含む食材もいっしょにとることがのぞましいとされています。

「貧血が治らない！」マネージャーからの電話

エスビー食品陸上部といえば当時、中村清監督、瀬古利彦選手のコンビで有名でした。ある日、ザバス事業部に一本の電話が入ります。

「貧血に苦しむ女子選手がいる。鉄剤を処方されているのだがよくならない」という内容です。マラソンの佐々木七恵選手でした。

佐々木さんは日体大を卒業し、岩手県立高校の教員だった経歴をもつ変り種です。私立成田高校生徒の増田明美さんに何度も水をあけられたレースをしたことで、熱心に中村監督の指導を受けるようになり、ついには教職を辞めて実業団に入られたとのことでした。

「**鉄剤だけではなく、いっしょにたんぱく質とビタミンCをとる**」ようにアドバイスし、明治製菓でプロテインとザバスCを提供しました。そのあと40日ほどして「ヘモグロビンの値が12ｇ／dℓを超えるまで回復しました」との報告が入った記憶があります。

佐々木選手は練習に打ち込める体調に戻り、１９８５年の名古屋国際女子マラソンで日本人初の優勝者になっています。

＊貧血は鉄を補えばよいと思いがちですが、「動物性たんぱく質とビタミンCをいっしょにとることで吸収が促進される」ことを忘れないでほしいので、実例をあげました。

疲労性骨折

疲労性骨折と食事内容の関係は詳細が明らかではありません。しかし、10代の身長が伸びている年齢層に割合、この疲労性骨折が多い点は注目にあたいします。疲労性骨折は負担のかかる下腿《かたい》や野球投手の腕などに見られる、骨に小さいひびが入る骨折です。

カルシウムの意識的な摂取

一般に汗１ℓの中には50㎎のカルシウムが含まれるといわれており、この損失を食事で補おうとすると、カルシウムの吸収率を50％とみれば、カルシウム１００㎎に相当します。高校生ともなると1回の練習で３ℓ程度の発汗をすることもあるので、この分を確実に日々補っていこうとするには、よほど意識してカルシウムの摂取に努めなければなりません。

筆者らのおこなった食事調査でみると、毎日、朝夕、牛乳を飲む習慣のある選手はまずカルシウム不足の心配はないが、毎日牛乳を飲んでいない選手はほとんどがカルシウム不足でした。食べものが豊富にあり食品選択の範囲がきわめて広いため、カルシウム摂取量には個人差があります。成長期の運動選手で、カルシウムの平均摂取量が1日５００㎎に達しない者も少なくありません。**骨格の弱いスポーツマンなどあり得ない**ので、カルシウムは成長期、身長が伸びる時期に最も大量に摂取すべきものです。骨形成には、合わせて

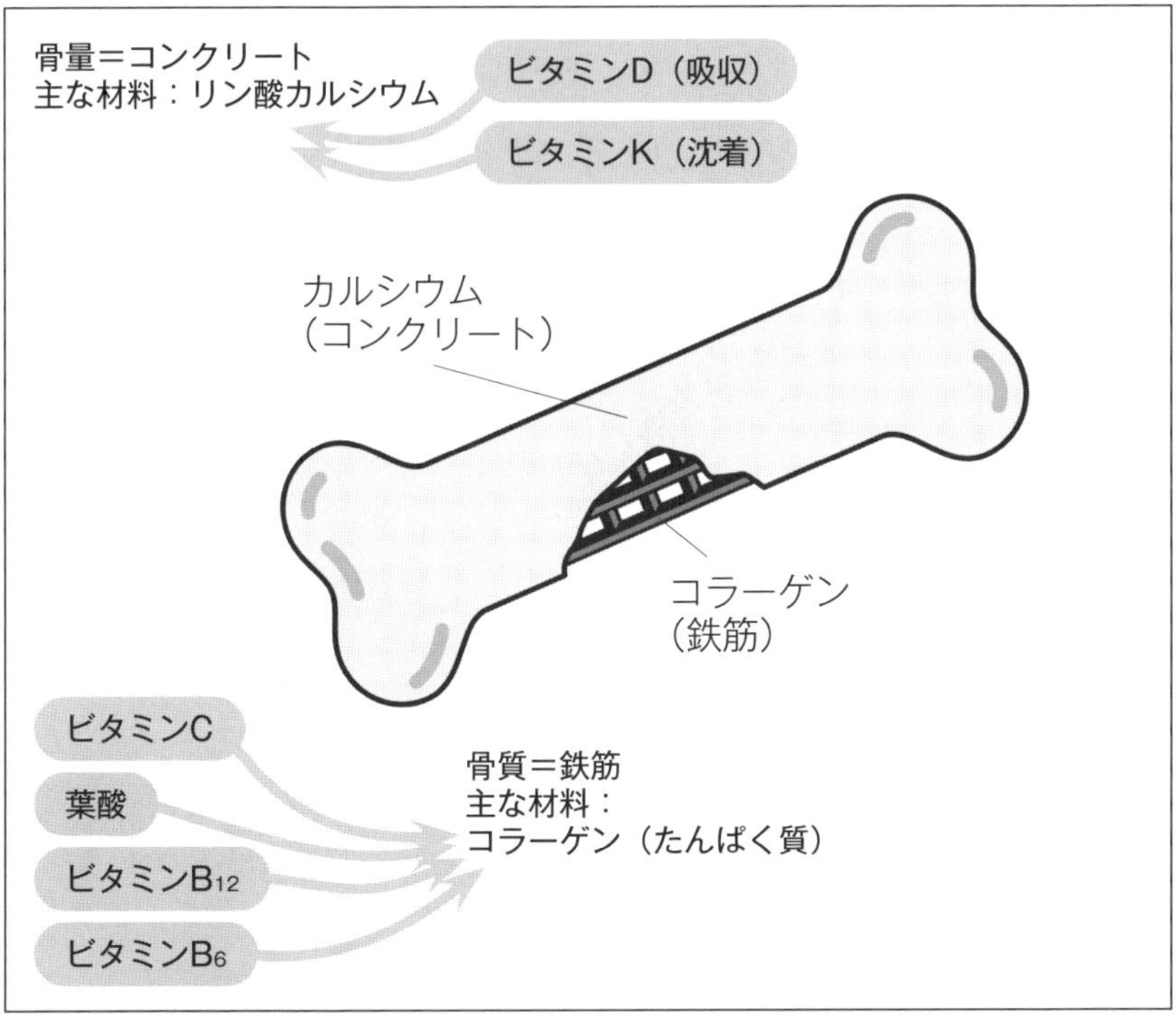

図23　骨の構造の模式図

ビタミンK、ビタミンDを多く含む食品もとるよう心掛けましょう。ビタミンDが主に腸からのカルシウムの吸収を助けるのに対し、ビタミンKは主に吸収されたカルシウムを骨にとり込むのを助けます。

骨はカルシウムの貯蔵庫

体内のカルシウムは成人男子で約１２００g、このうち99％が骨や歯に存在し、残り１％が筋肉内や血液中に広く分布しています。骨はカルシウムの貯蔵庫といわれ、血中のカルシウム濃度は１dℓあたり９～11㎎に厳密にコントロールされています。

ヒトが生きているという点からみると、生命現象にかかわっているのはむしろこの1％のカルシウムの方にあるといってもいいと思います。その働きをまとめると、血液中のカルシウム濃度を常に一定に保ち、**筋肉収縮**や、**神経伝達**、**血液の凝固**、**ホルモン分泌の調節**などにかかわり、生命を維持します。そのため、血中カルシウム量が低下すると、すぐに骨からカルシウムを溶かして血液中にカルシウムを供給します。成長期のカルシウム摂取不足は骨形成にもマイナスに働きます。

骨量と骨質、骨の強度を高めるコラーゲン

骨の成分の約半分（体積で）はカルシウムですが、残り半分はコラーゲンでできています。骨を鉄筋コンクリートの建物にたとえると、コラーゲン（たんぱく質の一種）は鉄筋、カルシウムはコンクリートの役割をしています。コンクリート部分のリン酸カルシウムだけでは建物はもろいのですが、鉄筋部分のコラーゲン繊維（ニカワ状繊維）によってたわみに強い骨になるのです。強い鉄筋構造があってこそ、建物は頑丈《がんじょう》になります。強い力に対してもしなやかにたわむ丈夫な骨を形成するには骨質、つまりコラーゲン（P171参照）部分が大切といわれています。

コラーゲン架橋《かきょう》の善し悪し

さらに、鉄筋部分にあたる**コラーゲンが規則正しくしっかりと組み立てられているか、が骨質を左右する**ということが最近の研究で明らかになってきました。このコラーゲン分子の結合を「コラーゲン架橋」と呼び、規則正しい配列で強度のあるものを**善玉架橋**、配列が不規則でバラバラになっているものを**悪玉架橋**と呼びます。

なぜこのようなことが起こるのか、血液中に、ホモシステイン（注）が増加すると動脈硬化や心筋梗塞のリスクを高める（P158）のと同様に、骨においても、ホモシステインがコラーゲンの劣化、悪玉架橋に関係していることがわかってきました。

ホモシステインの増加を抑えるには、葉酸、ビタミンB_6、ビタミンB_{12}をあわせて摂取することが効果的とされています。

注・ホモシステインはメチオニンというアミノ酸が体内で代謝される過程で生じるもので、酸化され有害な活性酸素を発生します。健康な人ではすぐに無害化されますが、葉酸、ビタミンB_6、ビタミンB_{12}が不足していると、血中のホモシステインが増加するとされます。

ビタミンCの欠乏

成長期の運動選手に多く見られる疲労性骨折ではかなりの長い期間、ビタミンCが不足した食生活がうかがわれます。疲労性骨折の詳細な原因は明らかではありませんが、ビタミンCの不足でコラーゲン生成が不十分だった可能性もあります。

マウスを使った実験から

ヒトやサルなどを除き、「哺乳動物はビタミンCを体内で合成する」（P136）と述べました。東京都健康長寿研究所では、「ビタミンCをつくる遺伝子」を破壊したマウスをつくり、ビタミンCを与えないで飼育しました。マウスは一定期間たつと、体内のビタミンCが枯渇し、エサを食べる量が減りはじめ、皮膚のコラーゲン減少、骨密度低下による太ももの骨折、肋骨と肋軟骨《ろくなんこつ》の間からの出血など、ヒトの壊血病《かいけつびょう》と同じ症状を発症し、全個体が死亡したと報告しています。

結合組織・コラーゲン蛋白とは

人身のおよそ3分の1を占めるのは非細胞の結合組織といわれるコラーゲン蛋白です。人体でいろいろな機能をはたすのは、それぞれの細胞ですが、この細胞集団をある程度の大きさにまとめたものが組織です。この組織を包んでいるのが結合組織です。たとえば一番細い血管、毛細血管にはコラーゲンがありませんが、動脈、静脈など多重構造の最外側はコラーゲン蛋白ですし、骨格も中核はリン酸カルシウムですが、これを強固に固めるのは膠《にかわ》状のコラーゲン蛋白です。その他、皮膚、筋膜、関節、じん帯、など強い力がかかる部位もコラーゲン蛋白でできています。

コラーゲン蛋白はアミノ酸がつながった紐状のたんぱく質を、ヒドロキシリジンとヒドロキシプロリンという2種のアミノ酸が多数架橋を形成して強固な構造にします。そのリジンとプロリンが水酸化（-OH化）されるときに必須の栄養成分がビタミンCです。**成長期に頑丈な身体をつくるためには、たんぱく質とビタミンCが十分に摂取できる食事環境が大切です。**

*リジンが水酸化されたものがヒドロキシリジン、プロリンが水酸化されたものがヒドロキシプロリン。

ビタミン不足症候群

疲れたとき、お腹がすいたときは甘いものを欲するということは広く知られています。この甘味への欲求がなぜ起こるのかは、栄養学を使うと割合簡単に説明できます。

練習後の甘味への欲求

激しい身体運動や長時間の頭脳労働ではそのエネルギー源として糖質の消費が高まります。ですから運動や作業終了時、体内の糖質保持量が減少しています。とりわけ肝臓のグリコーゲンが底をつくほど減少してくると血糖値（血液中のブドウ糖濃度）が低下してきます。それは脳の食欲中枢を刺激し食欲が高まりますが、脳はとりあえず血糖の回復を要求しているので、吸収の速い低分子の糖質、すなわち「甘い糖」が要求に一致するのです。

したがってスポーツ選手が練習終了後、甘いものを欲しがるのは、ヒトとしての本能に近い摂食行動と説明できます。

ここでは、学生が放課後、スポーツの部活練習後、大量に清涼飲料水（甘味源は砂糖）を摂取した実例を紹介しながら、ビタミン不足症候群とどんなかかわりあいを持つか、説明してみようと思います。

練習後のジュースやコーラは要注意

高校生Aは3～4時間の部活練習後、帰宅途中でほとんど毎日５００～１０００ミリリットルの清涼飲料水を飲んでいました。清涼飲料の糖分は約10％ですから、一度に５０～１００グラムの糖分、エネルギーとして２００～４００キロカロリーをとったことになります。

激しい運動をしている成長期のスポーツ選手にとって、この程度のエネルギー量はそう問題になりませんが、砂糖のような低分子の糖質（P81）で、瞬時に、しかも夕食前にとるという摂取方法が「大問題」なのです。

飲料中の砂糖は10分もすると吸収され始め、90分たつとほとんど血液中に入ってしまいます。この間ずっと血糖が増え続け、処理のためにインスリンが分泌され、肝臓ではブドウ糖をグリコーゲンの形で貯えるというプロセスが働きます。

Aは帰宅し食卓につくのですが、先ほど飲んだ清涼飲料水の影響で、脳の食欲中枢は満腹側に働いています。すなわち夕食の料理を前にしても強い食欲がわいてこないから、自分の嗜好にあったものしか食べず、きらいなものには手をつけないということになります。

激しい運動をしてたくさんのエネルギーを消費したあとですから、本来なら食欲中枢が亢進し、それこそなんでもおいしく食べられるはずです。しかし大量の清涼飲料水を飲んだ30～60分後という時間帯では、食欲中枢、ホルモンといったコンディションがすでに食後型になっていて、当然味覚が鈍化しています。

食前の大量の甘味は偏食を助長するため、とかく栄養のバランスを崩しやすいのです。

実際、Aは多発性神経炎（脚気）になり入院することになりました。好きなものしか食べないという食習慣の結果、運動のエネルギー発生に必要なビタミンB_1欠乏となりついには脚気という病気になってしまったのです。

コーラやジュースの飲みすぎは身体によくないといわれます。偏食をまねき栄養バランスを崩すメカニズムを理解して、選手らしい飲み方をしてほしいと思います。

自覚できないこともたくさんある

体調「普通」という回答が多かった！

多くの一流選手と一緒に生活して、食事を細かく調べ、血液や尿の分析などさせていただきました。合宿中の体調や気分についてもアンケートを実施しましたが、一番多かったのは「普通」という答えでした。

しかし筆者は、本当はあまりよいコンディションではなかったのでは？と思われるデータや行動を幾度となく見ています。

極上の肉が用意された合宿で……

だいぶん前の話ですが、一流選手たちの強化合宿に同行したときのことです。毎日、極上の肉料理がたっぷりと用意されていたのです。当然のことながら実によく食べます。主食、野菜もいっしょに置いてありますが、そちらのほうはあまり食べません。

一回の食事で食べられる量はきまっていますから、あるものを多く食べると他のものが入らなくなるのはあたりまえの話です。つまり**特定のものを多く食べると必ず偏食、すなわち栄養のバランスを欠くということになります**。

数日間の合宿でしたが、彼らの行動に変化が観察できました。初期の微妙な段階ですから練習中にその差異を見いだすことはできなかったのですが、むしろ「休憩時間のすごし方」にあらわれたと思います。明らかに無気力になって、やたらゴロゴロ寝転んでいる、ミーティングの時間に口数が少ない、などです。

あの合宿どうだった?

合宿が終わってしばらくたってから「あの合宿、どうだった?」という質問をぶつけてみると、ほとんどの選手が「とても疲れた。早く帰りたかった」と答えました。

指導者にそれをフィードバックすると、「あの程度の練習で疲労困ぱいするわけがない」という評価です。私はその時、練習内容ではなく**食事バランスが欠けたため、練習に前向きにとり組めないような体調になっていた**、という気づきのない指導者のほうが問題だと感じました。「早く帰りたかった」という選手の言葉の裏側には「体調がなんとなくよくない、だから練習をやりたくなかった」という思いが込められています。当時は競技テクニックやトレーニングには細心でありながら、「食いものなんか何でもいい」といわんばかりの態度で、選手の食事に関心を払わない指導者も少なからずいました。

部活動の練習はなんとかこなせても、生活がだらだらとする、授業中に居眠りをする、動作が緩慢であるなど、**日常生活中に疲労感が見られるようなときには、念のため栄養状態を点検し、日ごろの食事を見直すなどして、栄養状態を完全に近づける努力をしてほしい**と思います。

自分自身の体調ですが、自覚できないこともたくさんあります。

選手への栄養教育

ヒトは栄養識別能力を失ったけれど……

「必要な食べものは自然に身体がほしがる」という説もありますが、栄養教育を受けていない人たちが食物を選ぶのを観察するかぎり、栄養識別能力がそなわっているとは思えません。

ビタミンの研究者、長井正信さんは著書『小麦胚芽のすべて』の中でこう語っています。

「ねずみたちは、小麦胚芽（P153）のすばらしい秘密を知っているのかもしれません。ねずみが小麦を食い荒すのを見ると、胚芽部分だけをきれいに食べているのに驚かされます。**動物は、本能的に栄養価の高いものを知っている**からです」。

「ねずみを使った実験で、必須アミノ酸を一つずつ別の皿に入れて自由に食べさせてみると、ねずみは実にバランスよくそれぞれを摂取し、たんぱく欠陥を起しません。**人間だけがこうした本能的能力を失っている**のです」。

長井さんは、日清製粉入社後、理化学研究所・鈴木梅太郎研究室でビタミンEやビタミンB_6の研究をされた方です。私は、日本栄養食品協会で一時期、いっしょに仕事をさせていただきました。

驚嘆《きょうたん》させられるねずみの栄養識別能力に対し、現代人は高度に味覚を発達させてきた一方、**自分の身体に必要なものを的確に食べ分ける能力をほとんど退化させてしまった**のではないかと感じます。

ヒトは優れた学習能力を持つ

しかし筆者は「ヒトは優れた学習能力を持っている」ことに期待したいと思います。ですから、スポーツに強くなりたいという意識づけをしたうえで、**栄養教育を適切にほどこせば、味覚や嗜好だけで食べものを選ばず、自分の体調を整えられるようになる**、と思うのです。

リオ五輪、競泳400mメドレーで金メダルを獲得した萩野公介の母、貴子さんは選手としては小さかった「公介のからだを大きくしたい」という一心で栄養士と相談しながら食事サポートをしたことで有名です。それまで嫌いなものはあまり食べなかったそうですが、高校時代、栄養士のレクチャーの場に連れて行ったことで、本人が「食べることもトレーニングの一つ」だと納得し、以降、食卓に載った料理にはすべて箸をつけるようになったそうです。(『天才を作る親たちのルール』吉井妙子著)

母、貴子さんは、時間も労力もいとわず、**栄養摂取の意識づけ**にとり組んでいます。要は**選手教育が重要**だということにつきます。

実践することを前提に選手を教育する場合、必ずしも科学的に適切な表現でなくてもよいので、具体的に単純化することが望ましいと思います。

以下、ポイントを箇条書きしておくので、選手のレベルに合わせて理解が進むよう、適当な表現を工夫してください。

◆理解させておくべき事項

①エネルギーとなるもの

飯、パン、うどんなどいわゆる主食類と油脂類。ただし、**スポーツをするときや学習での主力は主食類**。体温を維持したり、ごくゆっくりの運動では油脂。つまりスポーツマンの３度の食事の主食はスポーツをしない人の倍くらい食べる必要があるのに対し、油脂は人並みでかまわない。(正確には糖質と脂質の重量比で５対１、カロリー比で２対１くらい)。なおチャーハン、ラーメン、クロワッサンなどの主食類の中には相当油脂が含まれている。これらを食べるときには脂っこい副食をさけないと油脂カロリー過剰になり、太る。なお主食を続けて抜くと、糖質不足で脳の働きが悪くなるばかりでなく、動作も鈍くなる。当然、勉学にも影響が出る。

②筋肉や血液の材料になるもの

肉、魚、卵などたんぱく質が主体。**特に成長期では関節や、腱などの部位の発達にもたんぱく質が欠かせない**。小学校上級生で大人並み、中～高校生では大人の２倍は必要。筋肉や腱ができるのはきわめてゆっくりだから１回にたくさん食べるよりも**毎食必ず食べる**方が望ましい。食品の種類によってたんぱく質の量は大差がある。牛肉、豚肉、鶏肉、魚などいろいろなものを食べること。料理法も焼く、煮る、炒める、揚げるなどかたよらないようにすること。フライパン料理が多いと油脂のとりすぎになる。

③骨格の材料

カルシウム。牛乳を飲むのが一番簡単。1日に小学校上級生で500ミリリットル、中～高校生で1リットルぐらい飲む方がよい。骨ごと食べられる小魚でもよいが毎日食べ続けるのは難しい。カルシウムは汗でかなり失われる。**練習が終わったら先に牛乳を飲むこと**。少なくとも運動した日は必ず寝るまでの間にカルシウムをとっておく。骨はカルシウムの増減によって太くなったり細くなったりすることを忘れずに。

④体調を整える材料

野菜、くだもの、小型魚介類など。主としてこれらに含まれる**ビタミン、ミネラルが足りないと疲れやすくなるからきびしい練習にはついていけない**。また野菜、くだものが足りないと便通が悪くなる。便秘症では運動がつらくなるし、身体の柔軟性も劣ってくる。**競技スポーツでは便秘症の人は勝てない**、と断言してもよい。その傾向のある人は特に意識して野菜、くだものを多くとるようにする。

「食」は習慣のひとつである

理屈で考えるより習慣化してしまう

食後に何かしらデザートを食べる家庭は多いと思います。デザートとしての食べものはくだもの、アイスクリーム、プリンなどいろいろ考えられますが、食事がどんな内容であったかということとあまり関係ないようです。

しかしデザートがアイスクリームであるか、ミカンであるかは栄養学的には大きく異なります。おいしくて満ち足りた食事であることは大切な要素ですが、同時にその食事が栄養バランスを満たしていることはさらに大切なのです。**スポーツ選手であれば、まず食後にミカンを食べ、さらに食べたければアイスクリームを食べればよい**のです。スポーツをしているとビタミンC必要量が高いから食後のくだものはほぼ必須、アイスクリームは食べなくてもかまわない。

もしアイスクリームを先に食べると多分ミカンはまずくて食べられないでしょう。

つまり食べる順番も食の満足感に関係するから、そういったことはそのつど理屈で考えるよりも習慣化してしまえばよいのです。

2、3日でバランスをとる

ところで毎食バランスのよい豊かな食事などというのは不可能に近いでしょう。それより**も1日あるいは2、3日を通してバランスをとっていくという感覚が大切**です。
例えば、麺類などで1食すませてしまったら、次の食事では肉や野菜の多い食事にするとか、肉が2回続いたら次はできるだけ魚を食べるという具合に、数日間でなるべく多種類のものを食べるようにすればよいのです。

コラム⑦

スピードスケート躍進のかげに

平昌（ピョンチャン）オリンピック2018では、日本選手の活躍が話題になりました。なかでも、スピードスケートの女子団体追い抜き（パシュート）は圧巻でした。前大会王者のオランダとの決勝を五輪新記録で制し、念願の金メダルを獲得しました。

勝利のかげに、オランダ人コーチ、ヨハン・デビット氏の力があったことは新聞等で報道されています。彼が日本人選手に戦う意識を植えつけたのです。

意識改革は食事・栄養面の管理にまで及びました。差し入れられたドーナツを宿舎で食べている選手を見つけると、デビットコーチは「金メダルをとるつもりはないのか！」と烈火《れっか》のごとく叱《しか》りつけたといいます。

スピードスケート競技は体脂肪のコントロールが命です。男子が5％以下、女子が10％以下の体脂肪率維持を意識づけ、自己管理を促しています。

女子500m金メダルの小平奈緒のコーチ、結城匡啓《まさひろ》信州大学教授は、スピードスケートの指導法に関する実践研究にとり組み数々の学術賞を受賞しています。結城教授もまた日本躍進を支えた立役者でした。

第7章

コンディショニング

日常～試合前、当日、試合後

日常のコンディションメーキング

◆第一はカゼ対策

カゼの原因はほとんどウイルス感染症です。カゼなどのウイルスに侵《おか》されたとき耐え得る能力を防衛体力といいます。

カゼウイルスに感染しても、途中で症状をくい止め大事に至らないのは、ヒトのからだに備わっている防御機構、つまり免疫力が働いているからです。飲食物と免疫力の関係については まだ解明されていないことも多いのですが、**ビタミンAとビタミンCが免疫力を高める**ことがわかっています。

ビタミンAは脂溶性で、皮膚や粘膜の健康を保ちます。不足すると皮膚や粘膜が乾燥して弱くなり、カゼなど感染症にかかりやすくなります。ある程度ストックできるので、日頃からやや多めにとって皮膚粘膜を丈夫にするよう心掛けてください。

カゼとビタミンCのことはP136に出ていますので参照してください。

防衛体力を高めるには、食べものと食べ方を最適にするだけでなく、他にも自分でやれることがあります。

◆うがいの励行《れいこう》

カゼのウイルスは空気中に存在し、鼻腔《びこう》から入ってきます。これをくいとめる方法として筆者は、**ポピドンヨードの商品（明治うがい薬、イソジンなど）でうがいする**のが有効と考えています。カゼは数日の潜伏期間がありますから、朝と夕、また外出先から帰ったとき所定の濃度に希釈《きしゃく》してうがいします。ポピドンヨード薬剤は、水で希釈することで殺菌効果が高まりますから、必ず50倍くらいに薄めて使います。

うがいの方法も額よりアゴのほうが高くなる角度、口蓋垂《こうがいすい》、通常ノドチンコといいますが、この裏側が洗えるような角度で、少なくとも30秒くらい洗います。一回だけで吐き出さず、姿勢を直してさらに2、3回ノド深部を洗ってください。

うがい薬は少し臭いがありますが、これをきらってすぐ水で洗うと効果が劣ります。なおノドに残存しているポピドンヨードは、やがて無害化されますので飲み込んでも安全です。

◆第二は便通のコントロール

ゲームが近づくと緊張感が高まり、この副作用として緊張性の下痢や便秘が起こります（P197）。特に、夜眠られなかったようなとき起こりやすいとされています。よい対策はありません。自分で自分をコントロールするしかありません。

まずは夜ぐっすり眠れるように、食べものや食べ方にも気をつけて平常心をもってすごしてください。

消化管の中は身体の外側である

口から肛門までを消化管といいます。

いわばからだを通過するパイプのようなものです。

口に入れたものは消化管の中で消化酵素によって消化され、おもに小腸から吸収されて血液に入り利用されます。

つまり消化管のなかにとどまっている状態では、役に立ちません。

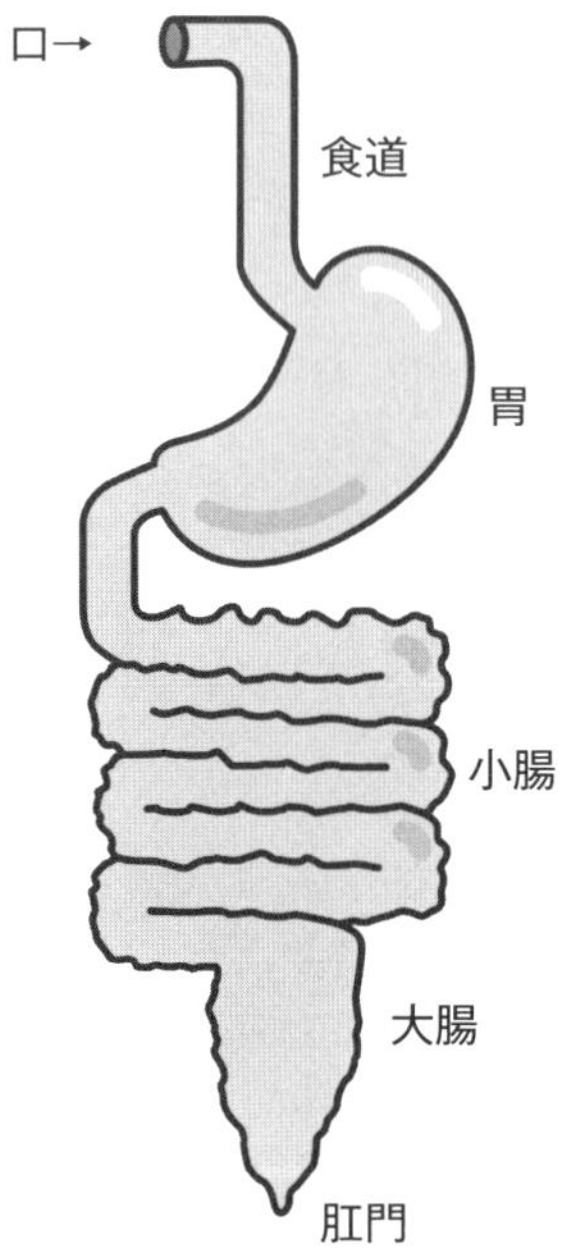

※消化管（スミアミ部分）は、身体の外側です。

図24

試合や練習においてはこのことをしっかりと理解して、試合当日の食事計画を決めてほしいと思います。

試合時には、食べたものが消化、吸収され、胃腸の中が空っぽであることが望ましいのです。

普段の練習でも同じことがいえます。消化管にとどまっている食べものはパフォーマンスを下げます。

トレーニング期の栄養について

疲労の予防と回復に欠かせないビタミン、ミネラル

トレーニングが激しければ激しいほど、エネルギーは大量に消費され、これに比例してからだの潤滑油であるビタミンやミネラルも多く必要になってきます。

ビタミンもミネラルも必要量は微量ですが、体内の物質代謝や、さまざまな生理機能を調節したりする重要な役割を担っています。しかもその**必要量は1日の合計エネルギーよりも運動の激しさに関連する傾向をもっています。**

これらが不足するとトレーニング中に疲れやすくなったり、疲労からの回復力が低下してしまいます。その結果、1日のトレーニングの疲労を翌日にもちこし疲労が蓄積され、所定のトレーニングが続けられなくなります。残念ながらビタミンもミネラルも私たちのからだの中ではつくり出すことができませんので、食べものとして外部より摂取するよりほかありません。牛乳や野菜、くだものは比較的多くのビタミンやミネラルを含む食品ですので、毎日の食事では必ずこれらの食品がとれるよう配慮してください。特に、遠征その他で不足が見込まれるときには、割り切ってビタミン剤などの併用を考えた方がよいでしょう。

また日本では、医療品としてのビタミンが「疲労回復」の効果を強調しているために、運動の後でとった方がよい、と考えている人も多いようです。しかしスポーツ栄養学の立場からすれば、むしろ**十分なビタミンを体内に確保しておいて、ベストなコンディションでトレーニングに励む方がよい成果が得られます**。筋肉をはじめ体内でのエネルギー代謝がスムーズとなり、全力をあげてのトレーニングをサポートします。

ビタミンB群、ビタミンC、ビタミンEなどは多少多くとりすぎても副作用がありませんから、体内に飽和状態にしておき、トレーニング効果をより高めるようにしたいものです。

体脂肪を減らして自己新記録を出す

大坂なおみ選手がテニスの全米女子オープンを制したのに続き全豪オープンでも優勝、日本人で初めて世界ランキング1位に登りつめました。「チームなおみ」には、多彩な顔ぶれがそろっていますが、中でも私が興味を持ったのは「パワーを落とすことなく体重を7キロ減量し敏捷性をアップする」指導をしたシラーフィットネスコーチでした。

かつて私は女子体育大学陸上部の監督から、こんな相談を受けたことがあります。種目はハイジャンプ。「大学で高度な練習を重ねているのに、高校総体で出した記録を上回ることができない選手がいる。どうしたものか？」と。私は、その6人を集め、徹底的に脂肪を落とす食生活をレクチャーしました。

具体的には、①朝食、昼食、夕食の量をなるべく均等にする　②油脂を控える　③夕食後、甘いものはダメ　などを指示しました。当時はノンオイルドレッシングがなく、油脂メーカーに提案してつくってもらいました。選手はいつもの練習を継続しながら、食生活を改善し、体脂肪の削減にこだわった食事を約3ヶ月間続け、全員が平均2、3キロの減量を成し遂げました。

その結果、次の大会では、6人中5人に自己新記録が生まれたのです。

以上、相撲のような特殊なスポーツを除くと次のことがいえます。

ポイント **ほとんどの運動能力は筋肉量に比例し、脂肪量に反比例する。**

百m走を10回繰り返す実証実験

私は、同じ運動を繰り返す例として、百m走を10回ずつ、1回ごとの休憩時間を一定にして、選手に走ってもらったことがあります。

走行タイムを計るとだんだん遅くなっていくのですが、体脂肪の多い選手ほど、遅れがひどくなりました。つまり次のことがわかります。

ポイント **体脂肪の多い選手は繰り返しに弱い。**

大坂なおみ選手も、ハイジャンプの女子選手6人も、減量によって、今まで以上に質のよい練習やトレーニングが続けられ、実力が向上したのではないかと考えられます。

便通の異常

神経性下痢と神経性便秘

「どうしてこんな試合前の大事なときに……」と思わず嘆《なげ》きたくなるようなこととして、下痢、便秘といった便通の異常をあげることができます。

17‐OHCSの値

図25は一流水泳選手のデータです。17‐OHCSはストレスによって産生される副腎皮質ホルモンの分解物です。選手は試合当日、水着を着用するまで緊張はない、といっていたのですが、グラフをみるとホルモン代謝物が徐々に増えています。試合が近づくという精神的な影響を反映しているとみてよいでしょう。試合を境に値はスーっと下がっています。

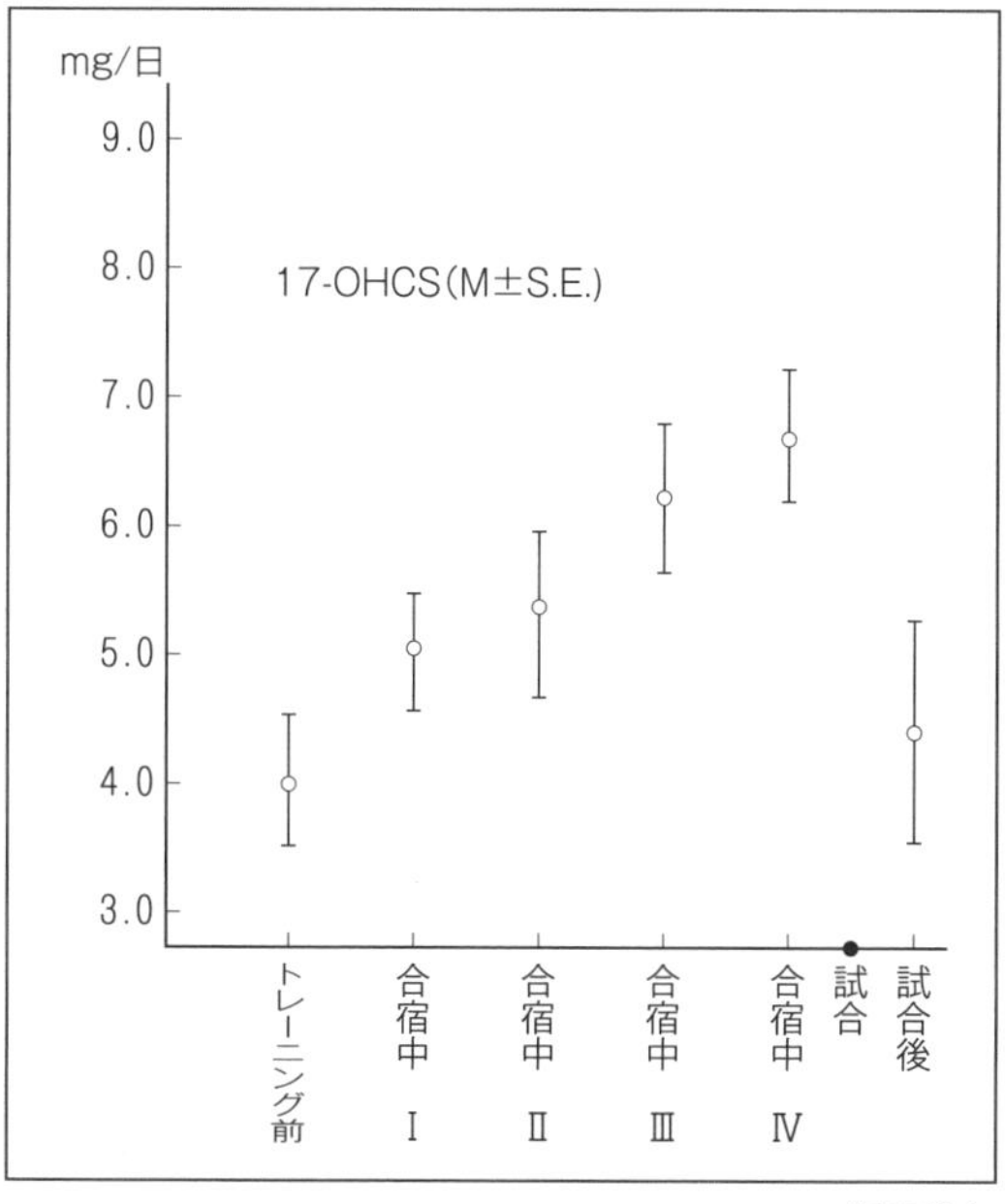

（宮下ら）

図25　一流水泳選手の強化合宿時における尿中17-OHCS排泄量の変動

普通、下痢といえば食あたりとか、カゼに伴う症状が一般的ですが、スポーツマンでは試合直前の過度の緊張に伴う一種の自律神経失調、非感染性の一過性のものも少なくありません。

同様に、便秘も一般的には食物繊維不足、野菜やくだものの摂取不足が主な原因ですが、それに該当しない、神経性便秘があります。先ほどの下痢と同じで、一種の自律神経失調です。

下痢と便秘は、一見すると真逆の症状に見えます。しかし、ゲーム直前の極度の緊張によって、便通をコントロールする神経系の異常が起こり、個人の体質または気質によって、どちらかになってあらわれたと考えてよいと思います。

◆最良の対策

もし自覚できれば、神経系の異常を鎮静《ちんせい》させる精神安定剤のようなものを使うことができますが、おそらく自分では興奮しているとなかなか気づけないでしょう。ですから、選手自身が日ごろから「**良好な便通を維持するにはどんな食生活をすればよいか**」よく知っておくことが最良の対策になると思います。

◆食事の注意点

前夜の食事では、揚げ物、こってりしたソースのかかったパスタやハンバーグ、根菜、キノコ、こんにゃくなど、消化に時間がかかり胃腸に負担がかかるものは避けたほうが無難でしょう。

　煮る、焼く、蒸すなどした、肉や魚を主菜にし、刺身など生ものはやめ、前夜の夕食は早めに、就寝時には胃の中が空っぽになっていることが望ましいと思います。そのほうが質のよい睡眠がとれるからです。

　夕食が早すぎてお腹が空くようであれば、ストレスが胃腸に及んでないと考えられるので、少量の飲食物、それも油脂の少ない甘味物をとっても構いません。

◆ささやかな対処法

下痢気味の選手へ
①水分を控えめに、くだものもあまり食べないようにする
②ビタミンの不足はビタミン錠で補給する

便秘気味の選手へ
①水分をやや多めにとる
②普段便秘の時に有効なくだもの、たとえばバナナとかリンゴなどをやや少なめにとる
③ドーピングで問題にならない便秘薬を調べて、前もって試し、用意しておく

　試合直前にいきなりではなく、前もって準備と対策をし、慣れておくのがよいでしょう。

運動休止期の栄養

一日の食事量バランスについては「筋肉づくりの食事とは」（P46）で、シーズンオフのたんぱく質のとり方は「たんぱく質摂取にシーズンオフはない」（P62）でお話ししました。ここでは、ケガなどで運動を休止する場合を中心に述べます。

シーズンオフの栄養

前シーズンの反省を徹底的に行なうとともに**身体の総点検を実施**しましょう。また食生活の見直しも欠かせません。身体をつくる源である食生活がいいかげんではトレーニングの効果も半減します。減量の必要な人、増量の必要な人、それぞれの運動特性に見合った栄養摂取計画を立てるのもこの時期です。

常に向上を目指すスポーツマンにとって、シーズンオフだからといって気をゆるめてはいられません。実力をつけるのもつけないのもシーズンオフのすごし方ひとつです。

気をつけたい体内の脂肪増加

一日の食事量は、基礎代謝エネルギー量＋運動エネルギーの和です。運動量が減れば、その分のエネルギー量だけ、食事を減らすことは当然です。

しかし、食生活はよほど選手が自覚していないとうまくいかない、とても腹八分目といったコントロールは難しい場合が多いのです。

必要以上のエネルギーをとれば当然、体脂肪として蓄積されます。

たんぱく質量を維持しよう

日ごろ激しい運動をして筋肉を活発に動かしている運動選手は

①新陳代謝、つまり筋肉の分解と合成のスピードが普通の人より速い

②このスピードは、シーズンオフに運動量が減っても急にゆっくりとなることはない

といえます。筋肉合成の原料であるたんぱく質はシーズン中とあまり変わらない量を確保する必要があります。

運動量が減って不要となるエネルギーは糖質と脂肪で減らせばよいことになります。すなわち、シーズン中にくらべ高たんぱく低カロリー食ということになりますが、これを実行するのは意外にやっかいなものです。

過食を避けるべき

シーズン中の食習慣からつい過食となって、その結果が**皮下脂肪の増加**となってしまいがちです。余剰脂肪の除去には軽～中程度の運動を少し長く続けなければならず、ある程度の期間が必要となります。

運動選手といえども普通の人並の食事量とし、たんぱく質だけをプロテインパウダーなどで補う工夫をすれば簡単に目的が達せられます。

スポーツマンにとって食事への注意はオールシーズンなのです。

障害による運動休止期の場合

けがでキズを負ったり、故障で運動を停止する場合、日常の生活動作は相当、低下しますから、運動量はトータルで激減します。食事量を見合ったものに制限する必要がありますが、本人は少ない食事量に慣れないため空腹を訴えることが多いと思います。しかし、食事量を減らす意味を正確に理解し、「食事に注意する」自覚をもつことが大切です。以下、理由をのべます。

①身体にキズができると、その部分にコラーゲンというたんぱく質が形成されます。このため体内のたんぱく合成は急速に高まりますが、もし食事から必要なたんぱく質が供給されない場合は、身体のもっともたんぱく質の多い組織である骨格筋のたんぱく質が動員されることとなり、トレーニングして造りあげた大切な筋肉が、キズの修復に使われる、つまり筋肉がやせてしまうということが起こります。

②骨折や重傷の捻挫などでベッドレストをよぎなくされる場合、筋肉の分解はさらにはやくなります。

ベッドレストの実験

Deitrickらは長期間のベッドレストがもたらす身体的、精神的影響を実験によって示しました。

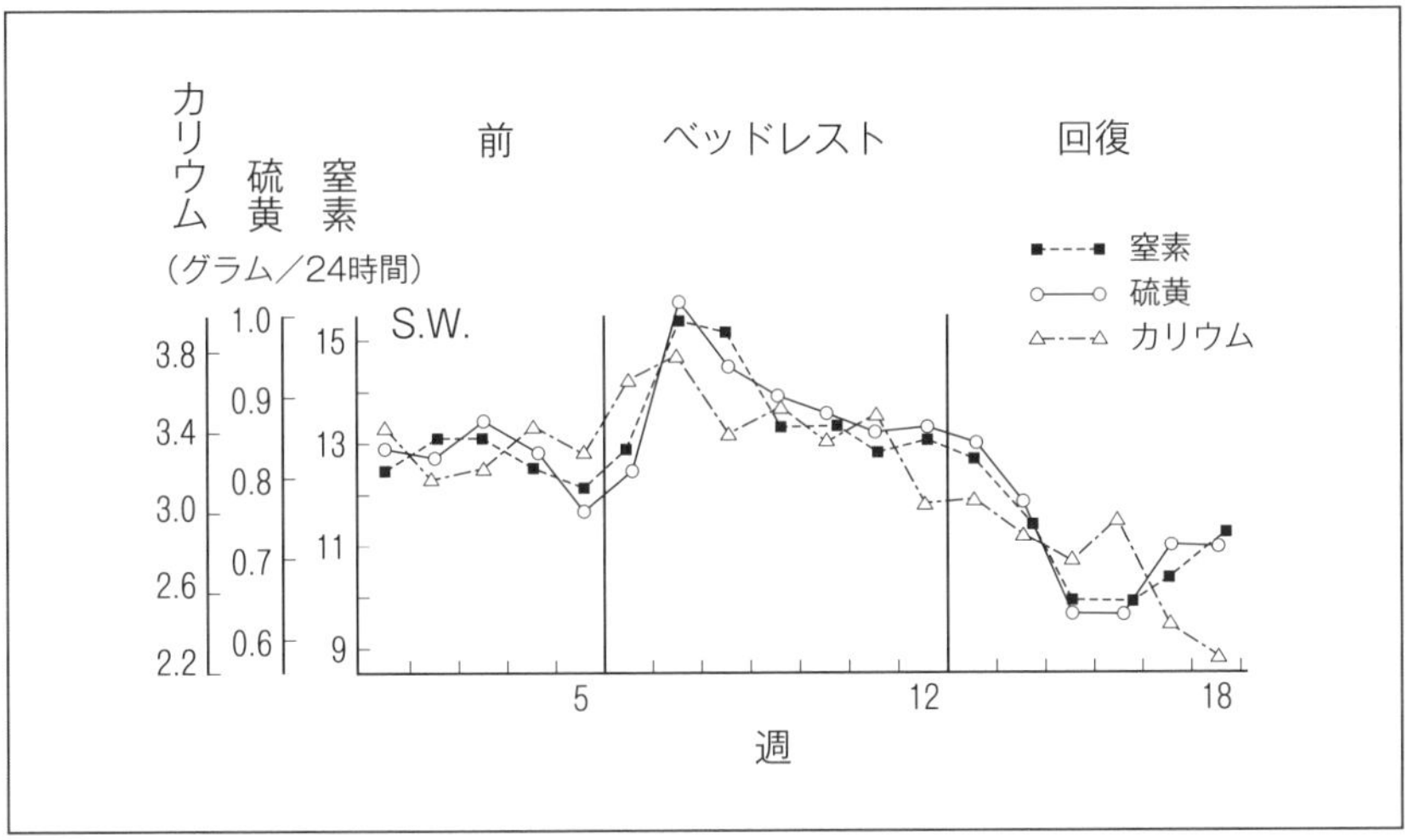

図26　ベッドレストが尿中の窒素、硫黄、カリウム排泄に与える影響
Deitrickら　1948

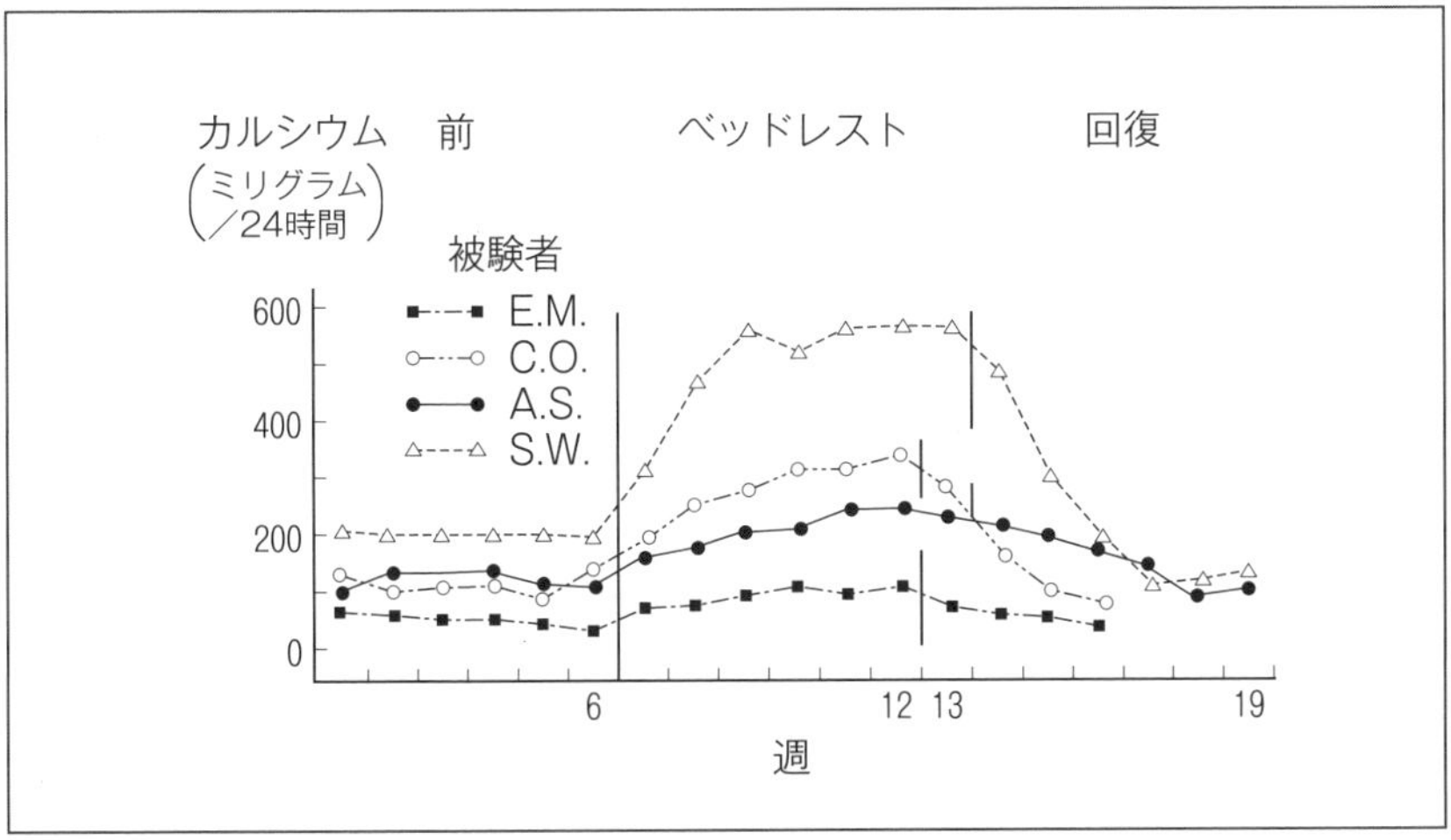

図27　ベッドレストが尿中のカルシウム排泄に与える影響　Deitrickら　1948

健康人に一定の栄養を与えながら、尿中窒素《にょうちゅうちっそ》、硫黄《いおう》、カリウムを調べています。途中、1週間、両足と腰を石膏で固定するベッドレストの状態を保ち、前5日、後6日の経過を追っています。**図26**を見てください。これらの尿中窒素、硫黄、カリウムは、いずれも筋肉の分解物ですから、健康な人でもベッドレストするだけで筋肉がやせていくことがわかります。

図27は4人の被験者の尿中カルシウム量を示したものです。被験者によって個人差はありますが、やはりベッドレストによって尿中のカルシウムが増加し、骨がもろくなる傾向にあることが推察されます。

このように健康人でもベッドレストすれば筋肉、骨ともにやせていくわけですから、傷やケガを負っていている場合は、さらに筋肉の退行ははやいと思います。

◆安静をともなう障害では

①カロリーは運動量が減った分減少させてもよい

②たんぱく質はケガをする以前と同等以上与える。すなわち、**低カロリー高たんぱく食**が必須

③コラーゲン合成には**ビタミンC**が必須なことに留意

④**カルシウム**は十分量を確保

運動休止期に増えた体重はほとんど脂肪ですから、リハビリ期にはこの脂肪の除去も問題となります。脂肪のついた身体でリハビリをおこなうのは多くの苦痛と時間が必要となります。

リハビリ期にはその運動分だけカロリーを増すのが当然ですが、この場合、リハビリ終了後でなく**事前に糖質を摂取しておく**ほうがよいこと、を忘れないでください。

グリコーゲンローディング

スタミナ強化のコツは筋肉中のエネルギー蓄積量を高めること

スタミナをつけるためには、疲れるまでやるハードトレーニングを積み重ねることが必要です。これを証明したのがバームストレームとハルトマンの実験です。

超回復、またはリバウンド

図28を見てください。片方の足は動かないよう固定し、もう一方の足だけで自転車エルゴメーターをこいでもらいます。もうこれ以上こぎ続けることができない状態、つまり疲労困ぱいになるまでやり、両方の足の筋肉中グリコーゲン量を測っています。

その結果、固定した方の足のグリコーゲンは全く減って

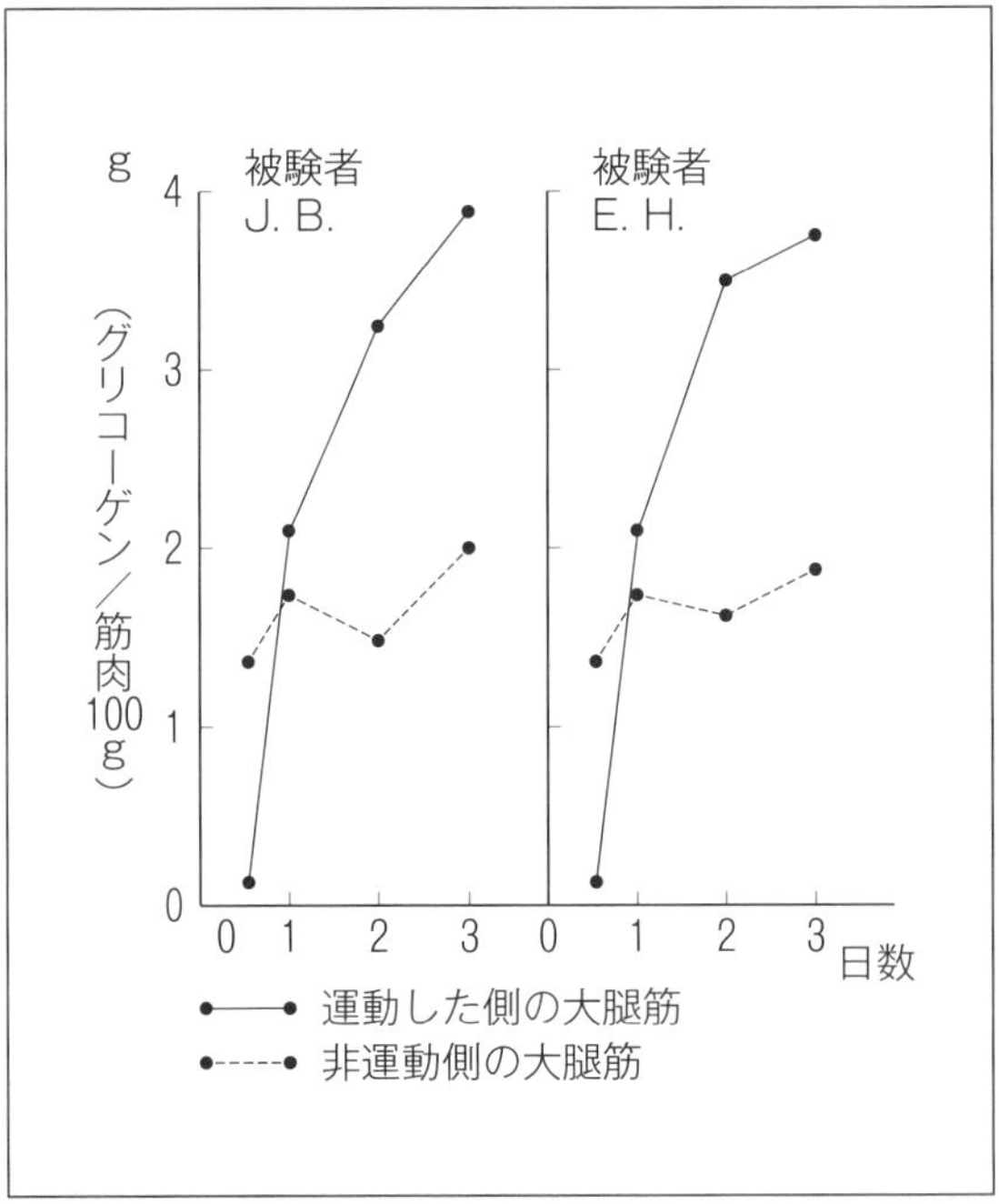

図28　トレーニングによる筋肉中グリコーゲン量の増加

いないのに、運動した方の足はほぼゼロになっていました。

ところが2、3日の回復期間後、再びグリコーゲン量を測ってみると、運動しなかった足の筋肉中のグリコーゲン量は実験前と同じ程度であるのに比べ、疲労しきった足の筋肉中には、グリコーゲン量が著しく増えていました。

このことから、ハードトレーニングによって筋肉中のエネルギーを使い切ると、その部分の筋肉のエネルギー貯蔵能力がアップして、スタミナが強化されていることがわかりました。このことを専門的には**超回復**、または**リバウンド**といいます。

スタミナ強化のコツは、トレーニングの時間の長短ではなく、**筋肉が疲れるまで、すなわちエネルギーを使い切るまでやることがポイントです**。

またこの実験から筋肉中のグリコーゲン量を最大にするには使い切った後、3日ぐらい必要と考えられます。プロ野球完投型投手が中3、4日のローテーションがよいといわれているのもこの実験からみると、合理的といえます。逆に、筋肉中のグリコーゲンを全部使わないとできないような激しいトレーニングは4日に1日くらい、ともいえます。

グリコーゲンローディングとは

マラソン、距離スキー、トライアスロンなど持久的な運動では筋グリコーゲンが著しく低下すると、運動能力が急速に低下します。このため、競技直前に筋肉と肝臓にグリコーゲンを過飽和《かほうわ》にすることが行なわれています。

グリコーゲンローディング（グルコースローディング）には2つのやり方があります。本書では、違いがわかる程度の簡単な説明にとどめます。

クラッシック法

①まず運動して筋肉中のグリコーゲンを一度全部使い切る。
②その日から3～4日間低炭水化物食にする
③レース前3日目、または4日目に筋肉疲労を生じないように注意しながら少し長く運動する。筋肉中のグリコーゲンを使い切るまで走ることがポイント。このとき、血糖値が下がると筋グリコーゲンを使い切るまで走れないので、走る前や途中、適宜、糖分を補給する。
④筋グリコーゲンを使い切った直後の食事から、高炭水化物食に切り替える。レース当日までは練習量を軽くし、食事の回数は1回くらい多くしてもよいから、一度にたくさん食べないよう。糖質主体の食事に切り替えてからは意識してビタミン、ミネラルを豊富にとる。

このモデルはアメリカなどの一流ランナーのモデルとして考案されました。体力や実力の違う人が形式的にまねるのは問題です。この方法では試合直前に2回も筋グリコーゲンを使い切るまで運動すること、低炭水化物食のコントロールがつらい、などコンディションを整える時期にもかかわらず、かえって複雑な生活を強いる面があります。

このため、運動方法と食事法を改良したやり方が開発されました。

改良法

70〜75%の運動強度でテーパリング法、つまり、運動負荷時間を徐々に短縮していく方法です。食事は期間の前半は50%、後半は70%の炭水化物食を摂取します。

図29を見ると、いずれの方法でも、同程度の過補償が得られることがわかります。

選手、コーチ、栄養士などが協力して、自分たちに合ったやり方を目指してください。試合前にいきなりではなく、事前に試しておくとよいでしょう。

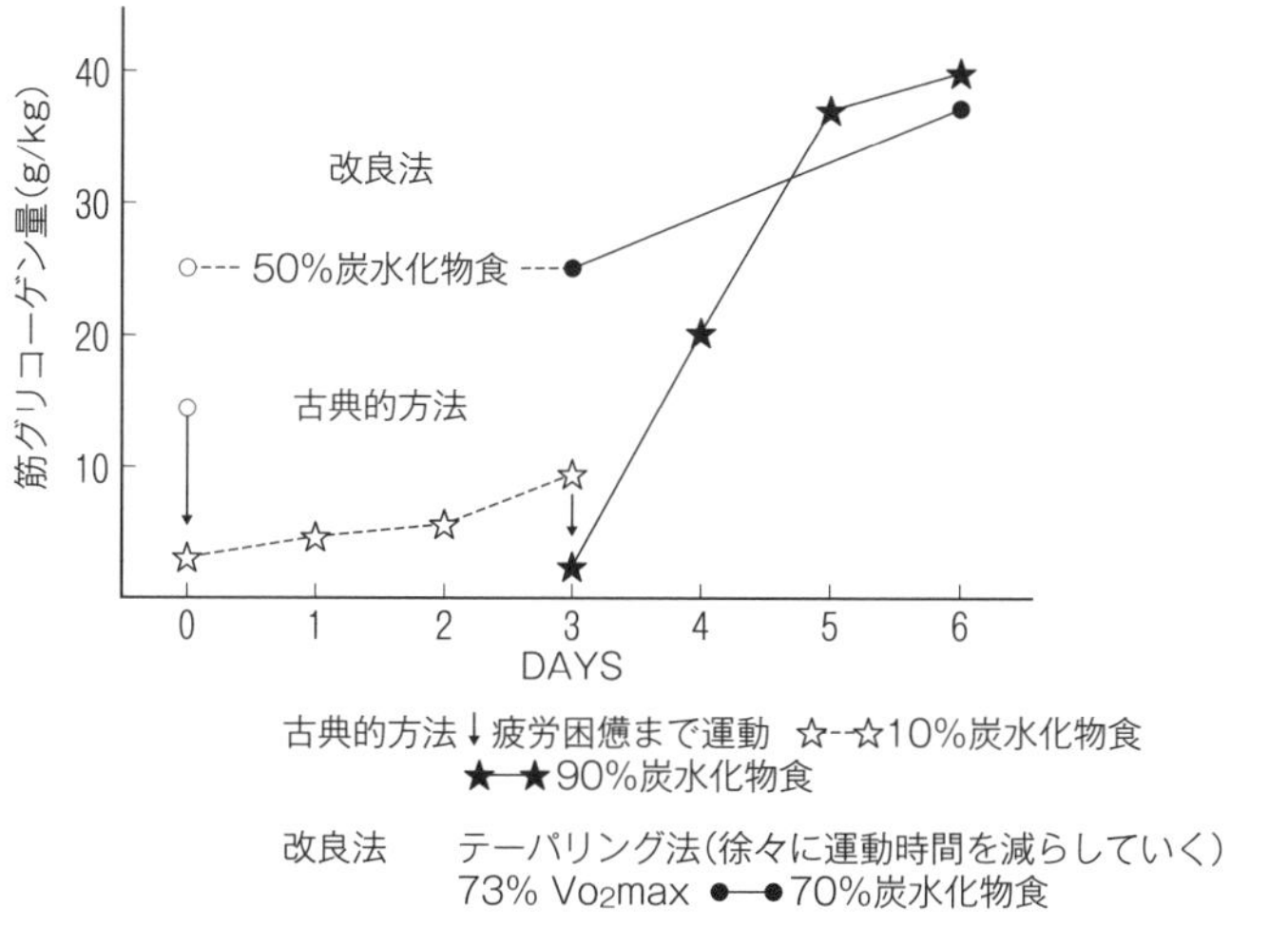

Nutrition in Exercise and Sport,2nd Edition
(Sherman, W.M. and Costill, D.L., Am. J.Sports Med., 12, 44, 1984)より引用

図29　グリコーゲンローディング　古典的方法と改良法の比較

試合直前、ベストコンディションで本番に臨む

調整期には一に睡眠、二に栄養

ゲーム前の数日間は、これまでのトレーニングの疲労を完全に回復させ、ベストコンディションをつくるための調整期です。以下留意点をあげてみます。

①十分睡眠をとること。回復はからだが休んでいるときにおこなわれる。

②カゼの予防に十分気をつかうこと。（P190）

③ビタミンB群、ミネラルも十分に。この二つはからだにとっての潤滑油。特にビタミンB群はエネルギー代謝の円滑化や栄養吸収の促進効果があり、必須といえる。

④便秘はスポーツの大敵。（P191）

⑤1回の食事量を多くしないこと。もしお腹がすいて困るようなときには消化のよい間食をとること。

野菜、くだもの、牛乳でバランスづくりを

食品としては野菜（色の濃いものを十分に）、くだもの（かんきつ類など）そして牛乳を中心にヨーグルト、チーズを毎食規則的にとるようにする。ただ、選手レベルでは、これまで述べたように並の量では不足がちです。食品で必要量をとるのがむずかしいときは、ビタミンやミネラルを強化した栄養補助食品の利用を考えましょう。

ゲーム当日の食事

最大のポイントは肝グリコーゲン

すでに筋肉中のグリコーゲンは満タンにしてあるはず。ゲーム当日の食事では肝臓のグリコーゲンを満タンにしよう。それが低血糖を防止し、脳へのエネルギー供給をスムーズにし、首から上のベストコンディションをつくることになる。

またゲーム時には食べたものが消化・吸収され、胃腸の中が空っぽ（P192）であることが望ましい。もしゲーム時まで食べたものが残っていると、消化吸収のために胃腸に血液が集まってしまうからだ。これは試合中の腹痛やバテに直結しやすいので、要注意。「テキにカツ」は消化時間が長いので不適当。試合前の食事はゲームの3、4時間前に消化のよいものですますのが正しい。

ブドウ糖、クエン酸、ビタミンB_1、Cを十分に

ゲーム当日も激しい筋肉運動を最後までスムーズに続けるにはビタミンB_1、Cをしっかり補給しなければならない。とはいえ、食べすぎは禁物。ゲーム当日には必要以上に食べものを口にしないためにも栄養補助食品、ビタミン剤を組み合わせるのもよい。

スポーツの種目によっては、ブドウ糖は血糖値の維持に効果を発揮し、エネルギーをはやく発生させるのにも必要な栄養素であり、クエン酸はそれ以上のエネルギー食品である。

クエン酸を強化したゼリーもある。試合直前、ハーフタイムあるいは試合や練習の途中でも、ブドウ糖などを補給すれば、エネルギー回路をすばやく回すことができる。気力、集中の維持という面でも効果的である。

ポイント 最適コンディションとはゲーム開始直前には身体各部に必要なビタミン、ミネラル、および水分が保持され、筋肉と肝臓にはグリコーゲンが飽和しており、かつ胃、腸および膀胱がほとんど空になっている状態。

試合前の食事はいつ食べるか

試合に必要なエネルギーは筋肉中のグリコーゲンとしてすでに蓄えておくべきものですが、脳、心臓、動脈、神経などエネルギーを蓄えることのできない臓器には、絶えず肝臓のグリコーゲンから補給される必要があります。

試合直前の食事はこの肝臓へのエネルギー補給、つまり脳などへのエネルギー源という重要な意味があるわけです。

だからといって、ただ食べればよいというものではありません。下手をすると、かえって試合の妨げになります。

もし、食べたものがまだ胃の中にたくさん残っている状態で激しい運動を行なえば、腹痛や吐き気の原因になります。また、食べたものが消化吸収されているときは、すい臓からインシュリンというホルモンが分泌され、肝臓に栄養を蓄えます。一方、運動能力を最大に発揮するためには、インシュリンとは逆の働き、つまりエネルギーを放出するホルモンが分泌されなければなりません。この相反する働きの2つのホルモンは、同時に働くことができません。そのため**試合が始まるときには、インシュリンが働き終わっていることが必要**なのです。

ですから、軽い食事でも2時間半〜3時間前に食べることが必要になります。時間があまりないようならば、ハチミツとか砂糖など吸収の速いものを食べるのもよいでしょう。

このようなときのためのスポーツフードもあります。

参考までに主な**食品の胃内滞留時間の目安**を表にまとめておきます。個人差もありますから、よく使う食品を事前に試しておき、自分の胃の能力を知っておいてください。

	分量（g）	胃内滞留時間
米飯	100	2時間15分
麦飯	100	1時間45分
餅	100	2時間30分
白かゆ	100	1時間45分
うどん	100	2時間45分
白パン	100	2時間
じゃがいも	100	2時間30分
リンゴ	100	1時間45分
ミカン（袋を除く）	100	1時間45分
せんべい	100	2時間15分
ようかん	100	2時間30分
カステラ	100	2時間45分
コーヒー	200	2時間15分
オレンジジュース	200	2時間
水	200	1時間30分

表23　糖質食品の胃内滞留消化時間（推定）

試合終了後のいたんだ身体に

プレーによって一番ダメージを受ける身体の部位は筋肉組織です。この筋肉組織をつくっているものがたんぱく質であることはこれまでにも繰り返し述べてきました。ですから、試合中にいたんだ筋肉組織を修復するには、まずたんぱく質の十分な補給から始めなければなりません。

内容は、糖質とたんぱく質の組み合わせです。試合で使ったエネルギーを回復させること、試合前、試合中に少し控えていたたんぱく質を元に戻すことを考えます。

運動直後は成長ホルモンの分泌がさかんなので、試合でも、練習でも、終了後30分を目安に、糖質とたんぱく質をとるとよい、という研究成果もあります。

翌日も試合が続くようなスポーツでは、終了直後からのエネルギー補給が大事です。手軽にということで牛乳（あんパンと組合わせるのもよい）をすすめますが、ゼリードリンクなどを利用してもよいでしょう。栄養士の方は、鮭入りおにぎりとオレンジ果汁１００％ジュース、バナナと飲むヨーグルトの組み合わせ、などを推奨しています。

試合終了当日の夕食は、からだを修復するたんぱく質や、失ったビタミン、ミネラルの補給を考慮したメニューにします。

筆者の十八番《おはこ》は、いろいろな食品が偏《かたよ》りなくとれる鍋料理です。

コラム⑧

豚しゃぶでラグビー日本一

早稲田、明治と並び、大学ラグビーの名門として知られる慶応義塾大学。1985年、知将・上田昭夫監督のもと大学日本一となり、翌年一月には日本選手権大会でトヨタ自動車を破り日本一に輝きました。

上田監督は当時まだ珍しかった筋力トレーニングをとり入れ、専門コーチを置いていました。また栄養面では、明治製菓ザバス事業部に在籍していた私（山田）にアドバイスを求めてきたのです。

慶大ラグビー部の合宿所では女子マネージャーが交替で食事を用意していましたが、彼女たちに以下のことを指示しました。

①**たんぱく質を確保**しながら**脂肪の少ない食事**を念頭に、豚もも肉しゃぶしゃぶを3日に1度の献立とする。他日の献立にも、なるべく豚肉、なかでもビタミンB_1が多いもも肉を使う。

②鍋の残り汁にご飯をいれて雑炊にし、汁に溶け出したミネラルも十分にとらせる。

③鍋には豆腐、貝類、きのこ、野菜など、いろいろな食材を使う。

④朝食を抜く部員には、朝食をとる意義を理解させ1日3食をきちんととらせる。

当時の選手は好き嫌いが激しく、鍋料理に対して「味気ない」と抵抗感が強かったのですが、続けるうちに栄養の偏りが改善され、体調がよくなっていきました。当初「嫌いだ」といっていたのに逆に「しゃぶしゃぶが好物」という選手もあらわれたほどです。

鍋料理は用意も簡単で、マネージャーの負担も減りまさに一石二鳥のようでした。

第8章

合理的な力士の身体づくりに学ぶこと

大切なのは毎日の生活リズム

横綱三重の海は引退して、1981年（出羽海部屋から分家独立を許され）武蔵川部屋を創設しました。しかし、激しい稽古でケガ人が続出しやめていくものも多く、9年間、関取（幕内と十両の力士）不在が続きました。長時間の稽古はオーバートレーニングを招き、疲労の蓄積でケガも多くなります。

その後、整形外科医の職にある方が後援会会長に就き、「科学的に力士を育てる」という方針が打ち出されます。

筋力トレーニング担当の田内敏男氏（JPフィットネス・ストレングス工房代表）に誘われて、鶯谷《うぐいすだに》の部屋を訪ねたのは1989年だったと記憶します。

新方針にもとづき、相撲部屋として初めて筋力トレーニングをとり入れた親方は、栄養面でのアドバイスを求めてきたのです。部屋は改装されたばかりで、地下にトレーニングルームを備えていました。専門のトレーナーが付いて指導するのですから、画期的な試みだったと思います。

伝統の食べ方

伝統のチャンコ鍋を栄養学的に調査すると、質的にはたんぱく質が十分、おおむね、バランスもよい、とわかりました。

ただ、問題はありました。食べ方です。三重の海の取的（幕下以下の力士）時代の記述がネット上にあったので引用させていただきます。

「チャンコを食べるにしてもスープしかない鍋の周りを自身と同じ取的同士10人程度で囲み、全身半身になってスープをとり合いつつご飯にかけてかき込む、など苦労を経験した」とあります。上位にいけば食べる順番もはやくなり、具沢山のチャンコが食べられる、この伝統の食べ方は「強くなりたい」という強烈な意識づけにはなります。しかし栄養が不十分では消耗した身体を回復できませんし、それがケガを誘発すれば元も子もありません。

私は勇気を出して親方に、若い力士のチャンコ鍋の充実を提案しました。上の力士が食べ終わって、下位力士が食べるときにもう一度具材を補充すればよいわけです。親方はすぐに対応してくれました。

ハワイ出身の武蔵丸はその後１９９０年７戦全勝で三段目優勝、１９９１年新十両昇進、十両優勝と快進撃を続けます。

筋力トレーニングのとり組みなどが新聞で報道されると、武蔵川部屋の人気は上がり、大学出身力士の入門が増えました。

14代武蔵川親方は、１横綱（武蔵丸）３大関（武双山、出島、雅山）３小結を育て、相撲界に「武蔵川部屋あり」とその隆盛《りゅうせい》を人々の記憶に刻《きざ》んだのでした。

立派な体格をもつ力士の身体がどのようにでき上がっていくのか、大相撲関係者に尋ねたことがありますが、誰に聞いても答えはいっしょです。

「伝統のちゃんこ、米の飯と酒、それに激しい稽古ですよ」。

栄養学の立場から力士の食べものを調べてみると、量が多いという点を除いては、特別な栄養素が突出して多いというようなことはなく、たんぱく質が十分で、おおむねバランスがよい食事であることがわかりました。

むしろ特別なこととして、**稽古や食事の時間のとり方**をあげることができます。このやり方は**力士の身体づくりにきわめて適していること**が栄養生理学的に、合理的に説明できます。いろいろ参考になることもありました。以下、説明します。

合理的な力士の身体づくり

立ち合い

力士は立ち合いのスピードが同じであれば体重が多いほうが有利である。また仮に、体重が少なくても立ち合いのスピードが大きければ立ち合い負けしない。

物理学の運動方程式 $K=\frac{1}{2}mv^2$。mは質量つまり体重、vは速さ。運動エネルギーは質量に比例し速さの2乗に比例する、といえる。このことから、力士の身体づくりにおいて体重増は重要な意味を持つ。

体重増に役立つ生活パターン

力士は朝食抜きで稽古を始め、2〜4時間やったあと入浴して昼食をとる。昼食は例外なく、肉、魚がたっぷり入ったチャンコ料理で、食事中はビール、牛乳、水などを大量に飲む。食後のあと片付けがすめば昼寝、昼寝から起きるとほとんど運動らしいことはせず、そのまま夕食をとる。夕食は、昼食に比べると割合に簡単で量も少ない。このような特別な生活パターンは、体重増に役立つ。

空腹時のハードな稽古が与える刺激

朝食抜きの稽古で、からだの糖分（血糖・グリコーゲンともに）の低下と、貯蔵脂肪の分解物である脂肪酸の上昇が起こる。この2つが脳の食欲中枢を刺激する。同時に成長ホルモン、副腎皮質ホルモンの分泌もさかんになる。

強烈な食欲により大量摂取が可能に

体重増には大量摂取が必要だが、相撲界に入ると一日二食になり、それも朝食抜きでの稽古、そのあとはグウグウ鳴る腹をかかえて兄弟子の食事の世話をするのだから、その食欲はいっそうすさまじいものになる。ようやく自分の食事となると高揚している食欲にまかせて一挙に胃袋にぎっしりつまるまで食べることが可能となる。激しい食欲に耐えられるようまず胃袋が大きくなっていく。

チャンコ料理の合理性

チャンコ料理とは大雑把にいうと大きな鍋にいろいろな食材を入れよく煮たもの。激しい運動で多量の発汗をしたあとは唾液や胃液の分泌は十分でないので、よく煮て水分の多いものが食べやすく消化もよい。そして一つ鍋のものを食べることから、栄養素の偏り、つまり偏食をさけるのに好都合である。

食後の昼寝の意味

食後1時間ほどで食べたものは分解され腸からの吸収が始まる。腸で吸収されたものは肝臓に入り、インシュリンというホルモンの働きでエネルギーが蓄積される。またその余剰分は脂肪組織に向けられる。このような時間帯に、ゆったりとした気分で安静にしてエネルギーを使わなければ蓄えはどんどん増えていく。

余分なエネルギーの消耗が最小

食事をしたあとにはエネルギー代謝が亢進《こうしん》して熱産生が起こる。図30を見ると摂取した栄養素の比率によって発熱量は異なってくる。この作用は、特異動的作用、あるいは食事誘発性熱産生と呼ばれる。いずれにせよ、力士が1日2食だということはこのエネルギーを節約していることになる。

リズムの形成

本場所以外、毎日同じパターンを繰り返していくと、ヒトのからだではホルモンの分泌その他システムがこの生活サイクル固有のものとなり、効果はさらに大きくなる。空腹時に激しくエネルギーを消耗するよう慣らされたからだは、次の食事までの空腹に耐えられるよう順応し、それは脳にしっかりと記憶される。つまり栄養素を吸収したら極力ムダ使いせずため込むシステムが働くようになる。力士固有の体内システムが構築されるといってよいだろう。

以上、伝統スポーツである相撲が力士という特殊な体型をつくり上げるために、きわめて合理的な食事と生活のパターンを形成していることが理解されるのではないかと思います。

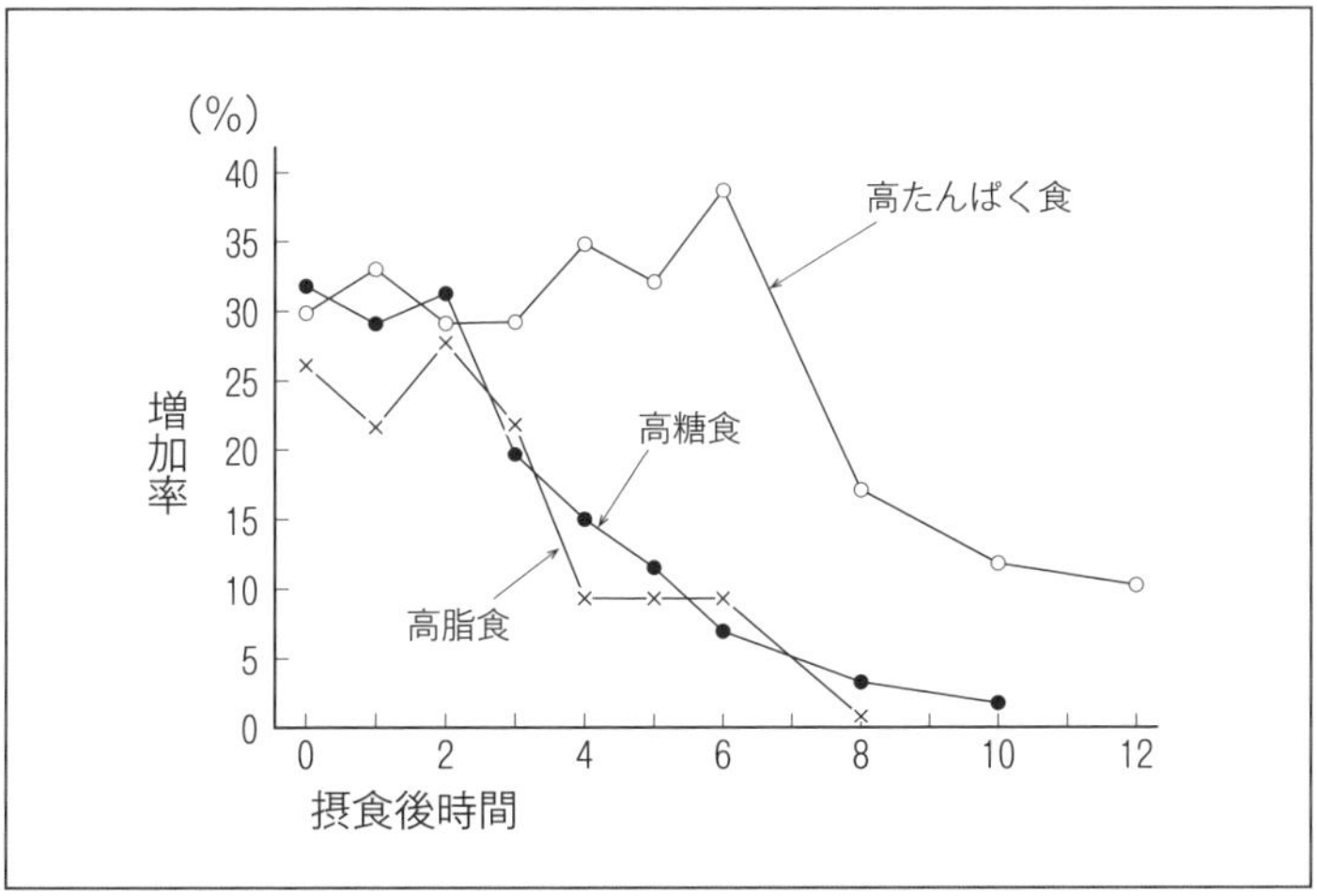

図30　特異動的作用による増加熱量の基礎代謝を考える割合（%）

ハードトレーニング期こそ規則正しい生活を

ベストコンディションを長く保つにはトレーニングと栄養補給と休養がうまくかみ合っていなければなりませんが、さらにもう一つ大切なことがあります。生活のリズムです。図31は血圧、脈拍の、図32は2種のホルモンの、24時間周期でおこるリズム（サーカディアンリズムと呼ぶ）を示したものです。交替制勤務の人や不規則な食事をしている人に胃腸障害が多いのは、食事時間や睡眠時間の乱れが、このリズムに同調しきれずに生じる一種のストレスのあらわれといえましょう。

さて、スポーツに強くなるためにはハードトレーニングが必要ですが、むやみに疲労させ回復の限度を超えれば、ケガや故障につながってしまいます。

ハードトレーニング期にこそ人間の持つ生活のリズムをうまく回転させなければなりません。24時間の生活リズム、たとえば、睡眠時間が激変するような環境では、不必要な疲労が蓄積し事故にもつながりやすくなります。規則正しい生活を心がけ、生理的リズムに順応する生活パターンを守ることが結局、効果的な体力づくりやコンディショニングに結びつくと考えられます。

「力士のシステム」を紹介したのは、それが栄養生理学など科学合理性に合致するものであることを理解していただきたいと思ったからです。

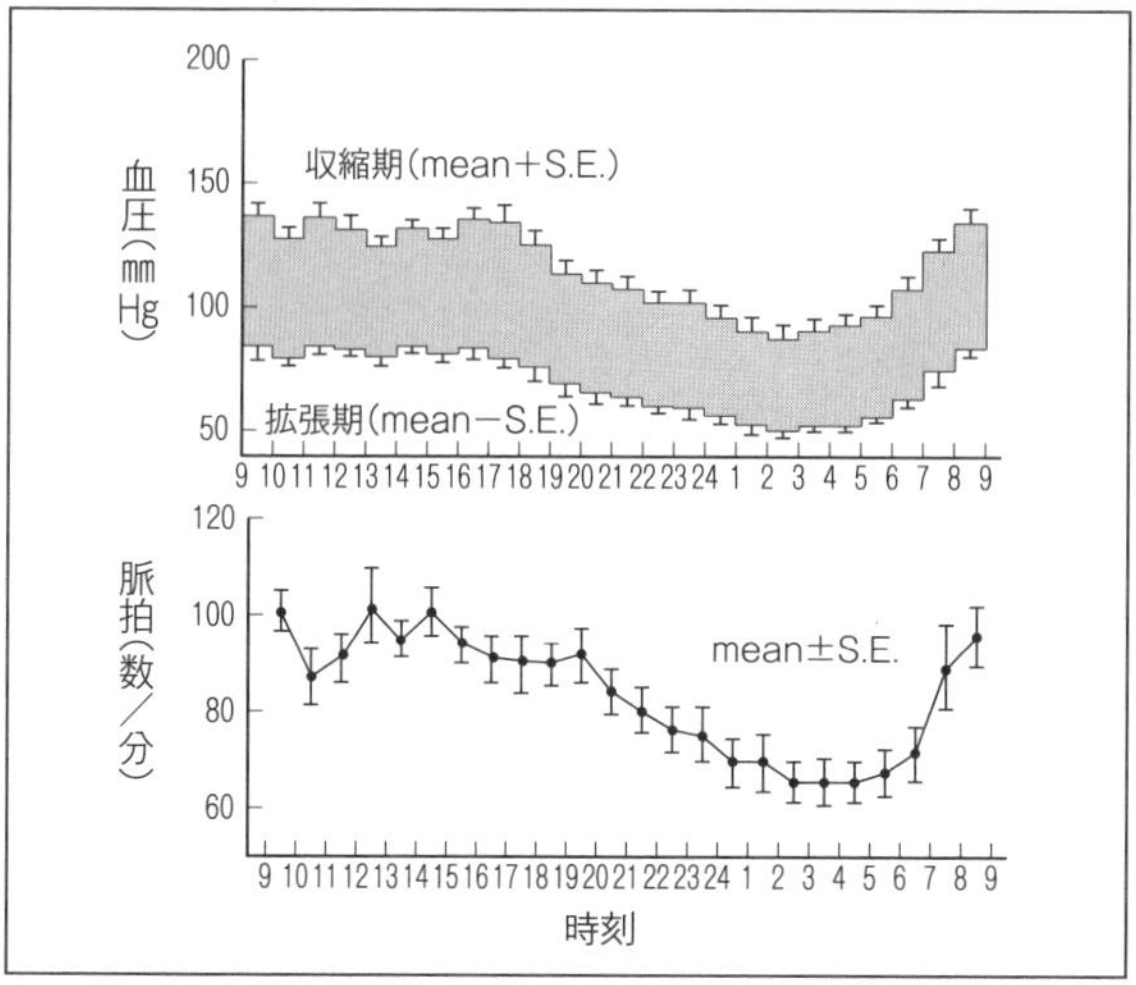

図31　血圧及び脈拍の2時間変動（MILLAR-CRAIGら、Lancet.1:795,1978）

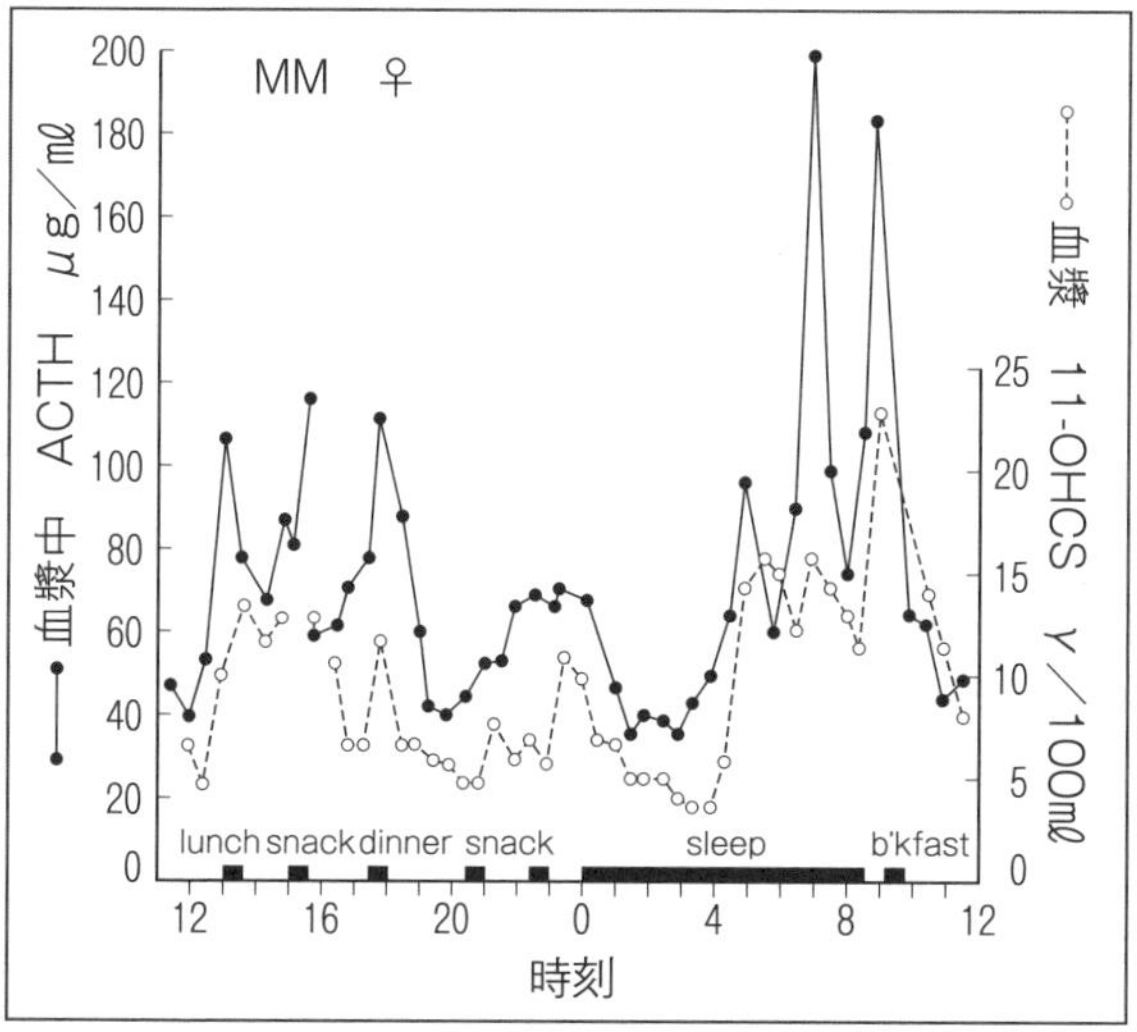

図32　血漿中のホルモン、ACTH（実線）およびコルチゾール（点線）の24時間間変動

コラム ⑨

「血清アルブミン値が高い」ことが優先順位トップ

東京都健康長寿医療センターは特定の人々を対象に長期間追跡調査を続けています。私が着目するのは、その成果として『元気で長生きの十か条』（注）トップに「**血清アルブミン値が高い」をあげている**ことです。

ごく大雑把に云うと血清アルブミンは栄養状態を示す指標です。食事からとるタンパク質の摂取量を敏感に反映するので栄養コンディションの判定にもちいられます。

タンパク質は身体を構成する細胞の原形質の主成分であり、生命活動の根幹をなすものです。タンパク質が不足するとどんなことが起こるか……は本書でふれたとおりです。

スポーツ選手に対しても栄養をはじめ、長期追跡調査がおこなわれ、その成果が選手に還元されるようになる、のが私の長年の夢ですが、残念ながら病気ではない健康人の採血には健康保険が適用されませんし、費用等の関係で実現しておりません。

しかしこの「血清アルブミン値が高い」ことの重要性は、健康長寿だけでなくチャンピオンを目指しトレーニングに励むスポーツマンにも共通しています。

栄養状態が伴わなければどんな努力も報われない、このことを肝に命じて下さい。

注・①血清アルブミン値が高い ②血清コレステロールが高すぎず低すぎず ③脚が丈夫である ④主観的健康感がよい ⑤短期の記憶がよい ⑥太り方は中くらい ⑦タバコは吸わない ⑧お酒は飲みすぎない ⑨血圧は高すぎず低すぎず ⑩社会参加が活発である（この順番が大切）

付録

成長期の食べものと食べ方

——講演収録

講演（一部手直し）

「成長期の食べもの」―子どもは大人の小型ではない

こんにちは。

私は一民間会社のサラリーマンでございますが、特にスポーツを強くするという観点から、いろいろなスポーツ選手といっしょに寝泊りしたり、食べものを調べたり、尿を全部ためて測ってみたり、血を採らしてもらったり、ほとんど人間丸ごと相手にして十数年やってきておりまして、どういう感じを持ったかといいますと、**食べものというのは実に多様で、一人ひとり違う**ということです。

それから、**知っていることを守ることが極めて難しくて、きちっとした食事をとりつづけるというのは、本人の意思がないとダメ**だということですね。

たとえば、ナショナルチームの選手の合宿などへ行きまして、板前によく相談して、いろんなものを作ってもらうのですが、今の子どもは、みな平気で残しちゃうんですね。それからオリンピックなんか行きますと、ほとんどバイキング形式の料理でございますから、自分で食べものを選ばなければいけないんですね。結局、トップの選手をつくってやるためには、**選手の教育をしなければいけない**ということです。

つくづく思いますのは、食べものの教育と、交通道徳の教育と、同じものだなという感じがしています。免許証を取るとき、スピード違反をしてはいけないとか、駐車違反をしないとか、酒を飲んで運転してはいけないとか、みんな知っていて守れないことが多い。食べものも、だからみんな知ってて、そんなに栄養学そのものを知らなくてもいいんですが、いろんなものを食べろというようなことは、好き嫌いなく食べろとかって、みんなわかっているとは思うんですが、実際は、たとえば運動選手の場合ですと、大きな大会に行きますと、緊張感が強くなってきますね、そうすると、食べものの好き嫌いが変わってくるというよりも、自分の好きなものを食べたくなってきちゃったりなんかするんですね。一番困るのは、オリンピックに行く前の強化合宿なんかで、一生懸命栄養を考えて作って、食べろ、食べろといって食べさしたりなんかして、いざ本番のオリンピックに行っちゃったら、選手村の食事はまずいといってカップラーメンを食べた選手がいるんですね。だから肝心のときに役に立たなくなっちゃうというようなことがあります。

それはなぜだろうと、しつっこく科学的に追求していきますと、やはり試合が近づくと、本人は全然興奮してないといいましても、尿を採って調べてみますと、17-OHCSのような副腎ホルモンの分解物が非常に多くなってくるんですね。実際もう、3週間くらい前から少しずつ高くなっているんです。

選手に聞きますと、「試合当日、ユニホームに着替えればエキサイトするけど、それまで別に私は興奮なんかしませんよ」といっているんですね。でも大体1週間前になれば2倍ぐらいのホルモンが出てきているわけでございますから、相当エキサイトした状態になる。そういう状態では、だんだん冷静さが失われまして、よほどそばについて面倒みないと、食べることが一番簡単なストレス軽減方法になりますから、自分の好きなものを食べるというのがストレスの軽減になっちゃうんですね。

そういうことは、スポーツ選手でなくても、子どもたちでも起こっているというわけです。

たとえば、学校から帰って、毎日塾に行ったりなんかするのも、子どもにとってはストレスですから、その代償行為というのは、一番簡単なのは食べるということなんですね。だから**食というのは**残念ながら**ストレスの代償行為になり得る**わけでありまして、このために過剰栄養だとか、偏食だとかいう問題が起こるわけです。

そういうように、**人間の愚かさというのが**、結構、**食べることに凝集しているん**ですね。ですから栄養教育しても、通り一遍のことではなかなか浸透しないんです。

運動選手でいいのは、食事をきちんとすると勝つということがありますからね。

たとえばですね、**陸上にハイジャンプ**がありますが、あれは上に跳び上がるわけですから、余分な重しがないほうがいいわけです。上に跳び上がることに関して、脂肪は運動にマイナスになるだけですからね。お腹に脂肪がついたというのは、お腹の周りにバターをべたっと塗りつけてサランラップを巻きつけているようなものです。大学生ぐらいになりますと、もうトレーニングしても女性はほとんど筋肉は増えないんです。バーベルなんかかついで相当やりましても、半年間で５００グラム増えればいいほうですね。女性はほとんど増えません。ですから、もし同じ筋肉だったら、上に跳び上がる余分な重さを落としてやったほうがいいわけですね。ですから**皮下脂肪を落とす**。体重を落とすんじゃなくて、皮下脂肪を落とすということですね。

それから**余分な水分を減らしてやる**ということです。こういうのもきちっとやってやれば、大学1年生から3年まで、ほとんど記録が変わらなかった子が、4年になって初めて自己新記録が出るなんてことが起こるんですね。

それでまた後で申し上げますが、子どもの食事の内容というのを調べたり、運動能力とかなんか調べるのは、ほとんど不可能なんですね。保護者の同意がないと、子どもに一日分の尿を集めてもらったり、まして血液をいただくなんてことはできませんので、子どもに関してのサイエンスというのは意外とないんですね。

ですけれども、やっぱり子どものときからやらなくてはだめだ。日本は1億幾らいますから、日本の8分の1の人口しかいない東ドイツ（1990年ドイツ再統一で消滅）が金メダルの数で日本の5倍ぐらいとるわけでありますから、そのシステムを調べてみますと、小さいときからずっとやっているんですね。

お手元の資料をちょっとみていただきたいと存じますが、有名な**スキャモン**という人がやった**発育発達のカーブ**があります。**図33**の身体各部の成長曲線。①が、からだの大きくなっていく年齢にそった成長のカーブが描いてございます。②というのが神経系の発達、③は細胞性免疫　④は生殖系の発達を示しているんですね。ですから、大体**12才ぐらいで**

90%以上の神経系の発達が決まってしまいますので、小さいときにスポーツをやってないと、たとえば体操・塚原の「月面宙返り」なんていうのは、高校生からやってもほとんどできないんです。やはり、**小さい時にスポーツをするというのは、大変重要な意味があるわ**けです。

ご承知と思いますけれども、千代の富士というのは、学生のときはサッカーの選手ですね。万能選手ですから、走っても、サッカーやっても、とても上手だったわけですね。北海道の陸上大会で走り高跳び・三段跳びと活躍していいます。その運動神経のよいところが相撲で発現されて、体質的にも非常に筋肉質で、脂肪が付きにくい体質ですから、けっこうケガもしましたけど、

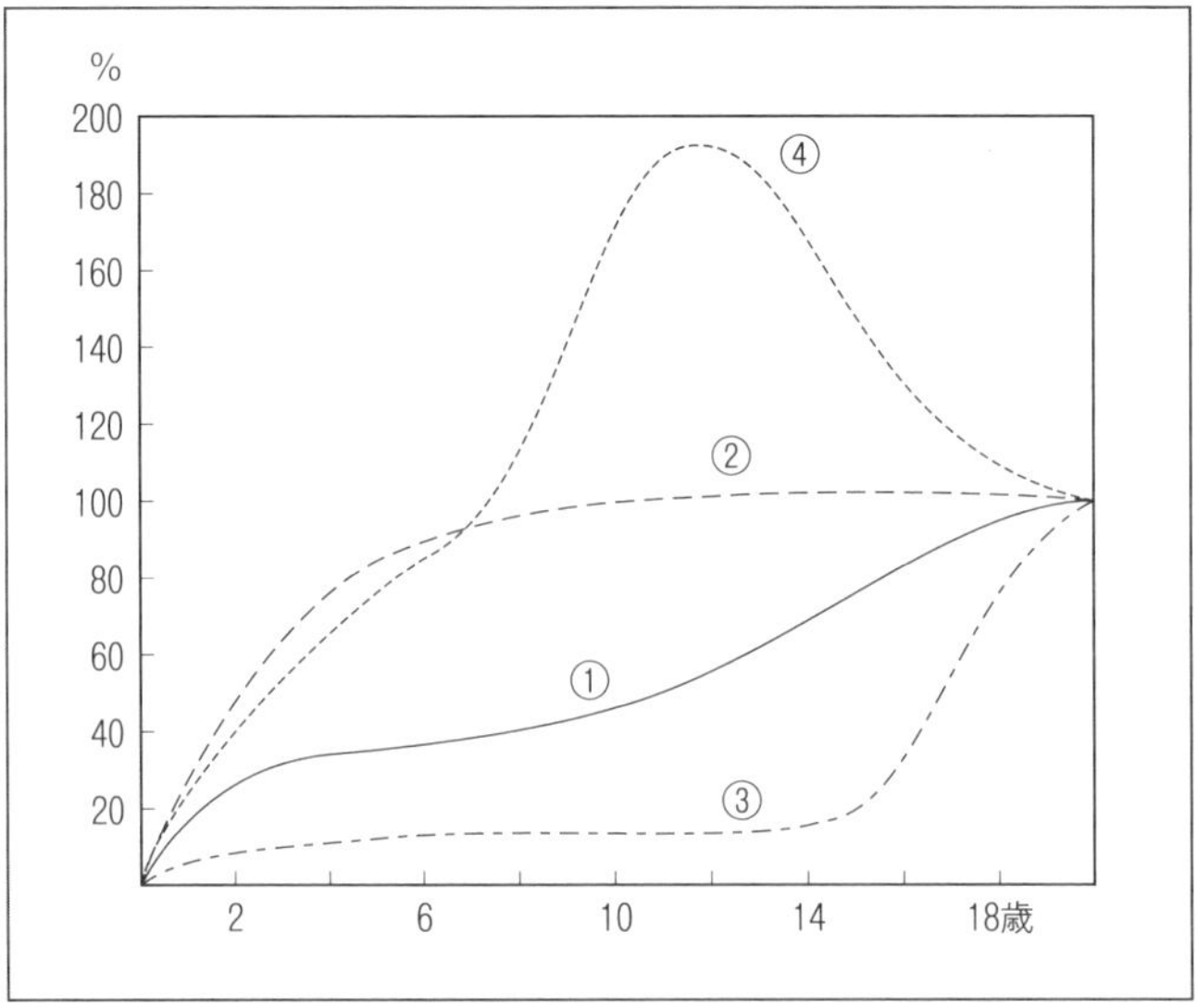

図33　身体各部の成長

あそこまでいったというわけですね。

そんなこともありまして、よいスポーツ選手が育つには、養護の先生も今日たくさん来ておられますので、子どもにスポーツする機会を多く与えていただきたいと思うんですね。

最近は、子どもの全国大会が開かれるようになりました。そこに来る子どもたちの食事を、アンケート様式である程度、調べさしてもらってますが、**子どもたちの食事に好ましくない傾向が出てきているん**ですね。

それから女子の運動選手は、バスケットとかバレーボールの選手はヒザを傷める子が多いんですが、ヒザのお皿の下ある前十字靭帯《ぜんじゅうじじんたい》、後《こう》十字靭帯、上の骨と下の骨が蝶番《ちょうばん》みたいになっている靭帯があるわけですが、そこをよく切っちゃうんですね。なぜかよくわかりません。よくわかりませんが、食事のほうからみますと、**女の子は中学ぐらいになると、肉を食べる量が減ってくる傾向があります**。

一年間に実質、組織がどれくらい増えるかということで栄養の量を決めるべきなんですけれども、大体中学生ぐらいになりますと、女性ホルモンが高くなってきますから、女の子はとたんに第二次性徴がぐんぐんいきますので、非常に脂肪が付きやすくなりますね。そのためにお肉を食べなくなるのではないかと思います。

運動選手もそういう傾向がございまして、そのためにどうも**成長期のたんぱく質が足りない**のではないかと、まだ仮説の段階でございますが、調査をしているところでございます。ケガのほうの統計からは、**前十字靭帯の損傷《そんしょう》**ですね。トッププレイヤーで起こっている確率は、少なくとも男性1に対し女性は20倍近いんです、バスケットなんかでは。全体としてみても大体1ケタ、10倍ぐらい違うんですね。**女性のほうが圧倒的にヒザを傷めやすいという傾向**がございます。

それから**骨粗しょう症**ですね、お年寄りの骨折。これは**成長期にどのくらい立派な骨をつくっておいたかという、骨の貯金というのが影響**するといわれております。これも大腿《だいたい》骨《こつ》骨折のような大きな骨で骨折するのは大体男性1に対して4～5倍、女性が多いですね。

ですからぜひ**発育期**、**立派な骨格や筋肉をつくっておく**というのは、どうも運動選手について、血を採《と》ったりなんかしないで調べられる範囲ですね、これでみますと、女性は初潮後3年ぐらいたちますと、筋肉や骨格の発達が非常に遅くなります。

逆にいうとそのぐらいの時に、ぜひ**栄養と運動をちゃんとやっていただければ**、**それが一生の財産になる**と思います。そこでやっていただかないと、メダルをとるような強い選手が出てこないと思います。

同時に、ぜひ**スポーツと勉強を両立する**ような環境をつくっていただきたいと思うわけであります。アメリカなどでは、選手をやめたら弁護士になるとか、医学部の学生さんなんてのが国の代表選手で出てくるわけですけれども、日本はいないですね。

その中でも、やっぱり**チャンピオンになるためには自己規制できなければいけない**わけで、トレーニングと同じように、**食事も自分で気をつけないとダメ**なんですね。だから周りがしてやらないと食べられないという子では、最後に選手村に入ってからコンディションを崩しちゃうわけでありますから、もっとクレバーな選手で、運動能力も優れている子でないと、これからはオリンピックでメダルをねらえないんじゃないかと思うんですね。

だからそういう観点からいっても、小さい時からてきぱきと勉強して、スポーツもてきぱきやるというような両方、両立するような子でないと勝てないような気もします。

お手元の資料・図34をみていただきたい。東京大学の細谷先生が提唱されている栄養の四段階。食べものが悪ければ、間違いなく私たちは病気になります。病気に気がつかなくてもですね、**調べればわかる**。調べてわかるような状態を**栄養欠陥状態**といっているわけですね。

調べてもちょっとわからない、食べものが悪いために居眠りしている程度では、現在の臨床医学ではわかりません。そういう状態を**潜在的栄養欠陥状態**といっているわけであります。

潜在的栄養欠陥状態の最たるものは居眠りなんですね。要するに夜中起きていて、眠くて授業中に居眠りするならいいんですけども、ちゃんと**6時間以上寝ていて昼間眠るのは、もしかすると食べものがわるい**んですよ。

栄養欠陥症	……	栄養欠陥状態	……	潜在的栄養欠陥状態	……	適正な栄養状態
栄養欠乏症あるいは過剰症		栄養素欠乏状態あるいは過剰状態		潜在性の栄養欠乏状態あるいは過剰状態		

図34

現実に、先生に頼んで、昼食後、最初の授業でいつも決まって居眠りする子がいたら、ぜひ血液検査をしていただきたい。必ず高い確率で**軽度の貧血**がでてきます。貧血症というのは、ご承知のとおり**ヘモグロビンが少ない**わけですから、**血液一定量あたりの酸素運搬能力が低い**わけですね。食後は、食事をすべて消化管充血しますから、脳にめぐってくる血流量は減りますすね。そうすると酸素の供給量が減るわけですから**酸素の供給量が低いときは静かにしていたい**わけですから、眠るのが一番いいわけです。

　そういうことがある程度わかってきておりますので、貧血なんかは調べればわかりますから潜在的栄養欠陥状態じゃありませんが、B_1欠乏の場合、B_1が少し低いなんて状態で居眠りしているのは、**B_1の血中正常値**は何だなんて**ハッキリしない**んですね、まだ学会で決まっていませんから、ですから食べもののほうを調べたほうがよくわかるというようなこともたびたびございます。

　ここにご紹介するのは大学生ですけれども、女子栄養大学の学生さんに、10人ずつ２組にボランティアになっていただきまして、献立例と書いてありますね。**A群の食事は、くだものと野菜が極端に少ない**食事です。**B群のほうは、日本人の平均２倍ぐらい野菜を食べるような料理**をしてもらいます。その他の栄養素につきましてはあまり違わないように作ってあるんですね。

　その結果、この実験の前後の血液を採ったのは**表25**（P239）ということですが、細かいことはともかく、これで見ますと一番下から２つ目の血清鉄《けっせいてつ》とビタミンC以外はあまり違

	A群	B群
朝食	トースト	ピザトースト
	スクランブルエッグ	オムレツ、トマト
	牛乳	ピーマン、牛乳
		ほうれん草のソテー
		野菜サラダ（キュウリ、レタス、トマト）
昼食	冷やし中華（ハム、卵）	冷やし中華（キュウリ、卵、ハム）
	スープ（肉団子）	野菜炒め（ピーマン、ニンジン、レタス）
	チーズ入りちくわ	夏みかん
夕食	飯	飯
	味噌汁（豆腐）	味噌汁（豆腐、わかめ）
	焼肉（豚肉）	豚肉の香味焼き
	ヨーグルト	大根おろし
		レンコンの梅肉和え
		カボチャの煮物
		おひたし（キャベツ）
		サラダ（キュウリ、トマト、サニーレタス）

表23　献立例

項　目	該当者数	
	A群	B群
目覚めが良かった	0	7
目覚めが悪かった	3	1
よく眠れた	1	7
眠れなかった	2	1
便秘した	4	0
下痢した	2	1
お腹が張った	0	9
胃がもたれた	1	4
口内炎ができた	2	1
胃腸の調子が良くなかった	0	3
吹き出物が増えた	8	4
吹き出物が減った	2	6
肌がかさついた	6	1
肌がつやつやした	0	4
目が疲れやすくなった	3	0
立ちくらみがした	0	1
頭がボーッとした	7	0
頭がスッキリした	0	2
頭痛がした	2	0
動きが鈍くなった	6	0
めまいがした	2	0
気分がさわやかだった	0	1
気分が落ち込んだ	3	2
イライラした	5	0
怒りっぽくなった	4	0
人とケンカした	2	0
集中力がついた	0	1
集中力がなくなった	7	3
元気が出た	0	2
元気がなくなった	5	0
授業を休んだ	5	0
食事のことで頭が一杯だった	3	6

表24　自覚症状に関するアンケート結果

わないんですね。この程度のデータであれば、**現在の医学では**、このA群もB群も、実験の前後も全部、正常値といいますか、**健康だという診断**を下されます。

しかし、**表24「自覚症状に関するアンケート結果」**（P237）というのが書いてあります。Aの野菜を食べなかったほうは、上から順に見ていきますと、吹き出物が増えたという子が8人ですね。肌がかさついたというのが6人。それから頭がボーっとしたというのが7人。動きが鈍くなったというのが6人。イライラしたというのが5人ですね。それから集中力がなくなったというのが7人。元気がなくなったというのが5人。授業を休んだというのが5人。

ですから、全員じゃありませんけれども、半分以上の人にこういう症状が出てきているわけであります。

野菜をたくさん食べたほうは、目覚めがよかったというのが7人。よく眠れたというのが7人ですね。それからお腹が張ったというのが9人います。これは、これだけ人の2倍も野菜を食べますと、食物繊維が相当、腸内に入って、食物繊維というのは大腸菌によって発酵されますので、ガスが出るわけですね。だからお腹が張ったということになります。それから吹き出物が減ったというのが6人いるわけですね。減ったんだからよいことですが、6人減ったということは、少なくともこの被験者の中に6人以上、はじめから吹き出物があったということですね。

あとは特にありませんが、一番下に食事のことで頭がいっぱいだったというのがありますが、このBの食事をもう一度見ていただきますと、相当なボリュームになります。野菜

	A　群		B　群	
	開始時	終了時	開始時	終了時
ヘモグロビン　(g/dl)	12.8±0.7	13.2±0.7	12.9±0.7	12.7±0.8
赤血球数　(x10,000/mm³)	405±20	413±28	393±105	409±30
白血球数　(/mm³)	5,690±840	5,440±872	6,880±1,034	6,400±1,159
ヘマトクリット　(%)	38.6±1.4	39.1±1.9	39.2±2.2	38.4±2.6
MCV　(μg)	95±3.7	95±3.5	93±2.7	94±2.7
MCH　(ρg)	32±1	32±1	31±1	31±1
MCHC　(%)	33±0.8	34±0.7	33±0.3	33±0.9
血清総タンパク質 (g/dl)	7.3±0.3	7.2±0.4	7.5±0.6	7.2±0.4
血清鉄　(μg/dl)	94±47	115±31	84±27	56±15 (A)
ビタミンC　(mg/dl)	1.1±0.2	0.7±0.2 (A,B)	1.1±0.2	1.3±0.3 (A,B)

[A] 実験開始時に対して有意差あり（$\rho<0.05$）
[B] A群とB群に有意差あり（$\rho<0.05$）

表25　血液成分の変化

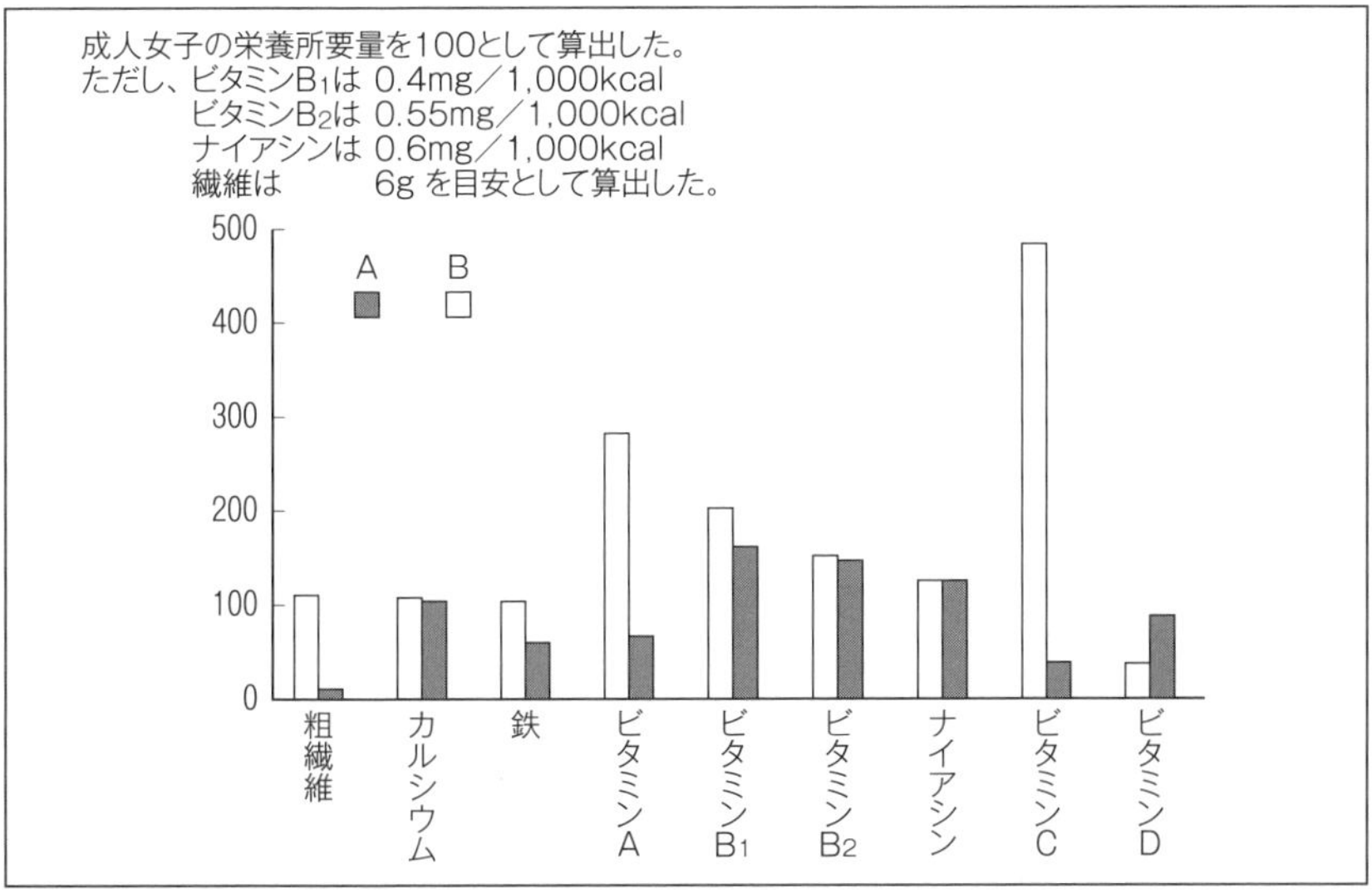

図35　ビタミン、ミネラル粗繊維の充足率

はあまりカロリーがありませんからね、サラダなんか相当盛っても、野菜のカロリーは20キロカロリーぐらいですね。それにかけるドレッシングのほうが80キロカロリーぐらいいっちゃいますから、煮付けの野菜とか食べてもカロリーはあまりありません。実験食ですから被験者は全部残さず食べなきゃいけない。若い女性が残さず食べるというのは大変だったそうでございます。

一応、**潜在的栄養欠陥症状というのはA群のような食事**ですね。頭がボーっとしたりイライラしたり、この原因はなんだろうかということを栄養学のほうで考えてみますと、**図35**の棒グラフ（P239）が出ています。左側がBで、右側がAなんですけれども、著しく違うのは粗繊維とビタミンAとビタミンCが違って、あとはあまり違わないですね。

ビタミンAは、ご承知のとおり脂溶性ビタミンでありますから、相当、からだにストックがありますので、1週間程度では欠乏的なものはほとんど起こらないんです。したがって繊維の不足と、ビタミンCが著しく違ったということですから、このアンケートの**表24**（P237）に書いてあるような症状は、**繊維不足による便通が悪かったということと、ビタミンCが少なかった**ということです。

ところでビタミンCは、皆さん方、おそらく**ビタミンCが不足すると**壊血病になるというふうに保健体育の教科書に書いてありますね。壊血病というのは歯茎から血が出る病気ですけれども、これはビタミンCがとことんなくなったときに起こる末期症状でありまして、途中ではビタミンCが少々足りなくても歯茎から血なんか出ません。一番先に起こる症状は何かといいますと、やはり**ストレスに対して弱くなってくる**ということです。

人間の臓器の中で一番ビタミンCが多いのは副腎《ふくじん》なんですね。ですから副腎でホルモンがつくられるときにビタミンCというのは必要になってきます。結合組織はもっと代謝がゆっくりでございますから、長い間かかってついに歯茎から血が出るというふうに考えていただいてですね、ビタミンCが少ないとストレスに弱い。

ストレスに弱いとどうなるかといいますと、一番最初に**ストレスにかかると静かになっちゃう。やる気がなくなる**というのが一番、**初期症状**なんですね。そんなようなことで、栄養のほうを調べたほうが、原因の発見がはやい場合がございます。

それから参考までに**表25**をもう一度見ていただきますと、野菜をたくさん食べたほうは血清鉄が、B群のほうは実験前84±27マイクログラムだったものが56±15に変わっていますね。

野菜をたくさん食べて、なぜ**血清鉄が減っちゃった**んだろうということですけれども、これは**食物繊維の中には、**ミネラル類を吸着する性質があります。カルシウムとか鉄とか、ああいう**ミネラル類を吸着して、便に排泄してしまう作用**があるんですね。便に吸着して排泄してしまう作用があるから、逆にコレステロールやなんかも吸着して排泄する。それから消化管の中でできる毒物、たとえばニトロサミンなどというのはからだの中でできる発癌物質ですが、こういうものもよく排泄されるということで、お通じがよくなるというのは、いろいろなものが便の中にはやく捨てられていいということもありますけれども、有用な鉄も捨てられちゃうんですね。

ですから何を申し上げたいかといいますと、野菜はたくさん食べてもいいですけれども、たくさん野菜を食べる方は、カルシウムとか鉄のようなミネラル分の摂取も十分気をつけないと、もし日本人の2倍も野菜を食べるような生活を長くしていきますと、鉄欠乏性貧血になる恐れがありますね。食品というのは結論として一品一品みな、欠陥を持っているわけです。ですから**いろんな食品を組み合わせて合理的な食事を作るということが大切**なわけであります。

中略

ですから、**食べものというのは**そういうわけで、みなさんが日頃お感じになっている以上に**微妙なところに出てきている**ということです。病気になるというような問題じゃないんですね、**病気以前の**こういうところで、**潜在的なところに出てきている**んじゃないかということです。

私も実は3人男の子がいまして、今から5年ほど前に家内が亡くなりましたもので、5時に起きて弁当作りとか朝ごはんも3年ぐらいやりました。全員スポーツをしておりまして、長男がバレーボール、次男が柔道、三番目が野球です。チャンピオンにはなれませんでしたが、三男は2回、神奈川県大会決勝までいきました。参考までに申し上げますと、高校の野球部だと練習を4~5時間やりますので、昼の弁当は千キロカロリー入れないと持たないんですね。大変というのは、朝なんか、作るよりもむしろ食べさせるほうが大変なんですね。時間がないから食べない。作っても残せば出さないのと同じですからね。相当よく言って説教してやりました。これはスポーツをやっている子は勝ちたい信念がありますから、オレが作った弁当食べれば必ず勝てるかどうか別だけども、パワーはつくといって暗示をかけて食べさせれば食べますよ、ちゃんと。

だから、高校でも勉強だけの子とスポーツをやった子では、千キロカロリーぐらい違いますね、一日の食事の量で。それからタンパクとか、ビタミンの摂取量を高めてやらなければいけないんですが、本当はスポーツの運動量の多いお母さん方には、弁当の作り方講習会をやったほうがいいと思います。私は自分の子どもが中学の時も高校の時も、全部お母さんを集めて弁当の作り方講習会をやりました。

まあそんなことで、なかなかどういうふうに食べれば勝てるかという実証はありません。ありませんが、私の経験では子どもたちはチャンピオンになれませんでしたが、大体準決勝、決勝まではいきましたので、チャンピオンになれるかどうかは素質ですけれども、環境をよくすれば、ある程度までいけると思います。

中略

そういうことで食べることの教育をするのは非常に難しいです。私の考えでは、だから何を食べるかという教育じゃなくて、**どうやって食べるか**、その**食べものの選び方**ですね、これを**加工食品まで含めて教えないといけない**と思いますね。本屋に行きますといろいろな本を売っています。

たとえば皆さんが召し上がるおすしというのは、カロリーはせいぜい500〜600キロカロリーか、最高いっても800キロカロリー超えるのはあまりないんですね。スパゲティミートソース、あれにチーズを振りかけますと、盛り付けにもよりますが1000キロカロリーはあります。女の子は好きなものの中にスパゲティがあるんです。スパゲティを食べているとなかなかやせられないですね。

ですから食べものというのは、肉とか魚とかいうものでございますが、調理品まで含めて、そのものがもつ**栄養学的な特徴というのを大体は教えておかないといけない**。だからスパゲティを食べたっていいんですよ、スパゲティのミートソースを食べたらその次ですね、魚の塩焼きで、白いご飯で、味噌汁と野菜のお浸しなんかで食事をするということで、合計してバランスがとれていればいいんですよ。

クロワッサンはパンの中に3割ぐらい、あれはバターやマーガリンを練りこみますから非常に高カロリーのパンなんですね。カロリーの6割近くが脂肪のカロリーですから、それにバターなんかつけて食べると、ほとんど脂肪のかたまりを食べているようなものですね。朝、だからクロワッサンのパンを食べて、昼にミートスパゲッティなんか食べたりしますと、どんとカロリーが上がる。そのカロリーもほとんど脂肪で上がっちゃってるわけですから、女の子はそういう食事している子が多いんですけれども、なかなかやせられないんです。ということで、**表26**をちょっと見ていただきまして、何を食べちゃいけないということはないんですよね。食べものというのは、およそ一つ一つはみな欠陥がありますから、組み合わせでまともになるわけですから、まず口にするものすべてをとらえて考える必要があるということです。

この中でそれを栄養素に分けなければいけないんですが、一番上に糖質と書いてありま

食べ物　口にするものすべて

栄養素		身体における役割	特徴および過不足による影響
糖質	高分子	主としてエネルギー	脳および神経専門のエネルギー。 食欲のコントロールを支配する。 過剰なものは脂肪に変換。 低分子糖の摂り方が問題。
	低分子		
脂質 （油脂）	脂	主としてエネルギー	高エネルギー物質。 安静…軽負荷エネルギー源。 貯蔵エネルギーだが、過剰なものは健康を阻害。 動物性・植物性の割合が問題。
	油	細胞膜などの成分	
たんぱく質	動物性	身体構成成分	身体の最大ストックは随意筋。 基本的に余剰ストックはできない。 不足の影響は大きい。 食事計画の基本となる。
	植物性	ホルモン・酵素の原料	
食物繊維	不溶性	吸収されないが、排泄の円滑化に有効	現代人には不足傾向。 長期間の不足は各種の疾患に関与する
	水溶性		
ビタミン	水溶性	代謝調整、円滑化	水溶性は体内ストックレベルが低い（過剰なものは排泄）。
	脂溶性	防衛体力に関与	脂溶性は体内ストックが多い（A・Dは過剰症あり）。
ミネラル	多量	身体構成成分	必要最小限と過剰症の範囲は狭い
	微量	代謝調整、触媒作用	

表26　栄養素と身体における役割

す。高分子、低分子と書いてあるのは、高分子というのはご飯とかパンのようなものを高分子というわけですね。デンプン質。それから低分子というのはお砂糖のように甘いものです。これは糖質というのはからだでエネルギーになるんですけれども、この**ご飯をちゃんと食べなきゃいけない理由**として、首から上、**脳は糖分しか使わない**んですね。いいですか、**これは大変重要なことなんです**。

今後、朝礼の時、倒れる子がいましたら、朝にご飯を食べたかどうかじゃなくて、どんなものを食べたかまで調べていただきたいんですね。主食をちゃんと食べてない子は、低血糖の軽度のやつで倒れる可能性があります。貧血じゃなくて、意外と**低血糖が多い**。これはジョギング大会なんかで倒れる人は、ほとんどが低血糖です。朝、ご飯を食べずにジョギング大会に出走すると、五キロ位では平気ですが、二十キロ位のレースをやりますと何人か倒れます。倒れるというかフラフラになっちゃう人は、ほとんどが低血糖なんですね。

これは私たちがご飯やパンを食べると全部、糖はブドウ糖になって吸収されて肝臓に入りますね。肝臓でいったん蓄えられて、肝臓から血糖として筋肉にデリバリーされるわけですが、筋肉というのはがめつい臓器で、一回とり込んだグリコーゲンって出さないんですね。

肝臓の糖のストックがゼロになれば、血糖値が下がり始めるわけです。安静にしていれば肝臓はタンパク質や脂肪から糖の合成をしますから、血糖は維持できますけども、運動していますと動脈だとか心臓が血糖を直接消費しますので、どんどん下がります。血糖が下がりますと、非常に問題点がたくさん出てくるんです。倒れたりなんかすることも、低血糖である可能性が高いです。

それから低血糖になってくると、**学習脳が非常に下がっちゃう**んですね。一番先に下がるのは、血糖が足りなくなって、ごく軽度の低血糖になって一番困るのは、ほとんど脳のエネルギーですから、バレーボールだとか、ああいうのを長く練習やりますと、最後のほうは低血糖を起こすことがあります。正常値の20～30％下がってきますね。その位の状態で教えたフォーメーションなんか、翌日何も覚えておりませんから、監督は一生懸命教えているつもりでも、何も覚えていないんですね。

よくスポーツの指導者、私もバスケットボールをやっていましたが、自分が学生の頃、からだで覚えろ、からだで覚えろといったんですけども、人間の記憶装置というのは脳にしかありませんから、筋肉は脳の命令どおり動くかどうかの訓練しているんですね。筋肉のほうで覚えるんじゃないんですね。記憶はすべて脳でありますから、脳がダメなら何の練習やってもダメであります。もちろん勉強してもダメですね。

ですから、**肝臓に炭水化物のストックを作るということの大切さがわかってない人が非常に多い**んですよ。主食をとにかく食べなくなってきていますね。一日のエネルギーの、成長期は運動していれば60％位、運動していなければ50％位でもいいですが、**カロリーの半分は炭水化物でとる必要がある**んです。高分子のご飯とかパンのような。そこが問題でありまして、とにかく今の子はご飯を食べなくなってきています。

それから脂肪についてはり**動物性、植物性**と書いてありますが、正確にいいますと**常温で液体の油か、固体の脂か**ということですが、サラダ油のような液体の油はホルモンの原料になったりするわけですね。プロスタグランディンとか細胞膜だとか、そういうものの成分になりますが、動物性の白い脂が固まった脂は、ただエネルギーになるだけですね。体温を高める燃料になるだけです。ということで、ですね、その**バランスが非常に重要**なんですね。

さらに、植物性の油を食べればいいかということになるんですけれども、最近少し違ってきまして、魚の脂、特にイワシとかサバとかマグロに含まれている脂は、脂肪の分子の二重結合の位置が、サラダ油と違うんですね、少し。オメガ3系統の脂といいます。それから菜種油とか大豆油はオメガ6というんですが、その**オメガ3とオメガ6のバランス**がありまして、**オメガ6のほうが多すぎると過敏症になる可能性がある**んですね。

最近、治療の分野でも、アトピー性皮膚炎なんかにオメガ6の油を減らして、オメガ3の脂を食べさせて症状が軽減する場合があったりなんかするんですが、これは局所ホルモンであるプロスタグランディンの酵素前躯体としての栄養素の役割だということで、最近、研究論文が多くなってまいりました。

結論からいいますと、私たちのからだの中で、食べた油というのを、自分の都合のいいように変換しなければいけないんですね。最後にそれはリン酸、リンとのエステルになりまして、リン脂質という形でからだに蓄えられて、それがホルモンの原料になっていくわけですが、リン脂質としてからだに蓄えられている油のもともとの構造が大変われわれの健康に関係があることはわかってきております。

魚の脂を食べればいいということになるんですが、魚の脂がよいわけじゃなくて、魚の脂のような、正確にいいますと、ホウレン草とかピーマンの中にもオメガ3の油があるんです。動物はオメガ位置の変換はできませんので、野菜でも緑の濃い野菜のようなものに含まれている油、ピーマンとかホウレン草にも微量の油がありますが、そういう油とか海草類の油だとかそういうものが問題だということです。最近の文献ですが、ボケ防止に少し関係しているらしくて、動物実験では、年をとったラットの学習脳というのが、食べる脂の種類によって変わるというようなデータが、最近いくつか出ております。ということで動物性と植物性だけでなくて、魚の脂と、それから種実油脂、大豆油、菜種油、ゴマの油のバランスというようなことも、これから問題になってくると思います。

その次にタンパク質ですが、タンパク質は動物性と植物性がありまして、**成長期は動物性のほうがいいんですが、中年以降は植物性のタンパクと動物性のタンパクを一定の割合で食べたほうがいい**。主に、脂質代謝の面からいわれています。特に、コレステロール代謝には大豆タンパクだとかゴマのタンパクですね、そういう豆類とか種実類のタンパクがコレステロールを下げる傾向にございますので、そういう意味でタンパク質なら何でもいいというわけでもないようです。

最近コマーシャルでさかんな食物繊維につきましては、不溶性と水溶性というのがあります。**繊維素のような水に溶けないもの**と、モモ、ミカン、リンゴなんかに含まれている**ペクチン質のように**、**水に溶けるダイエタリーファイバー**というのがありますね。水に溶けるほうは、主に**コレステロールのようなものに対してプラス**の影響がありますし、それから水に溶けないほうは、**便の通じをよくするのにプラス**になるというようなことで、この分野の研究も非常にさかんでありまして、ただ繊維なら何でもいいというわけでもないということでございます。

それからビタミンのほうは、たくさん教科書に書いてありますが、これもまだまだ研究されている分野でありまして、欠乏症状についてはとことん教科書に書いてありますけれども、**少し足りない場合の話はあまり書いてない**んですね。それから**脂溶性ビタミン**につきましては、**防衛体力に関与**と書いてありますが、**癌の予防**とか、そういうことにどうも関与しているようであります。

そういうことで、食べものはぜひ、人参、大根とか、イワシ、サバというふうに考えないで、そういう**食材の中にどんな栄養素が入っているか**ということですね。脂であればオメガ3とオメガ6の割合とか、野菜であれば食物繊維とビタミンだとかいうふうにですね。そういうことに関心を持っていただけると、食べものも**もう少しおもしろく考えられる**ようになるんじゃないかなと思っております。

年齢（歳）	男				女			
	体重（kg）	漸減値（g／kg）	計算値（g）	所要量（g）	体重（kg）	漸減値（g／kg）	計算値（g）	所要量（g）
8	26.27	2.38	62.5	65	25.67	2.39	61.4	60
9	29.25	2.3	67.3	65	29.12	2.3	67	65
10	32.64	2.2	71.8	70	33.22	2.17	72.1	70
11	36.75	2.05	75.3	75	37.73	2	75.5	75
12	41.74	1.9	79.3	80	42.14	1.9	80.1	80
13	47.3	1.76	83.2	85	45.85	1.71	78.4	80
14	52.59	1.59	83.6	85	48.66	1.54	74.9	75
15	56.79	1.46	82.9	85	50.55	1.43	72.3	70
16	59.41	1.37	81.4	80	51.64	1.34	69.2	70
17	60.97	1.3	79.3	80	52.11	1.3	67.7	70
18	61.93	1.25	77.4	75	52.1	1.25	65.1	65
19～20	62.52	1.2	75	75	51.83	1.2	62.2	60

第３次改訂。日本人の栄養所要量（厚生省編）より引用。

表27　成長期の年齢別たんぱく質所要量（１日あたり）

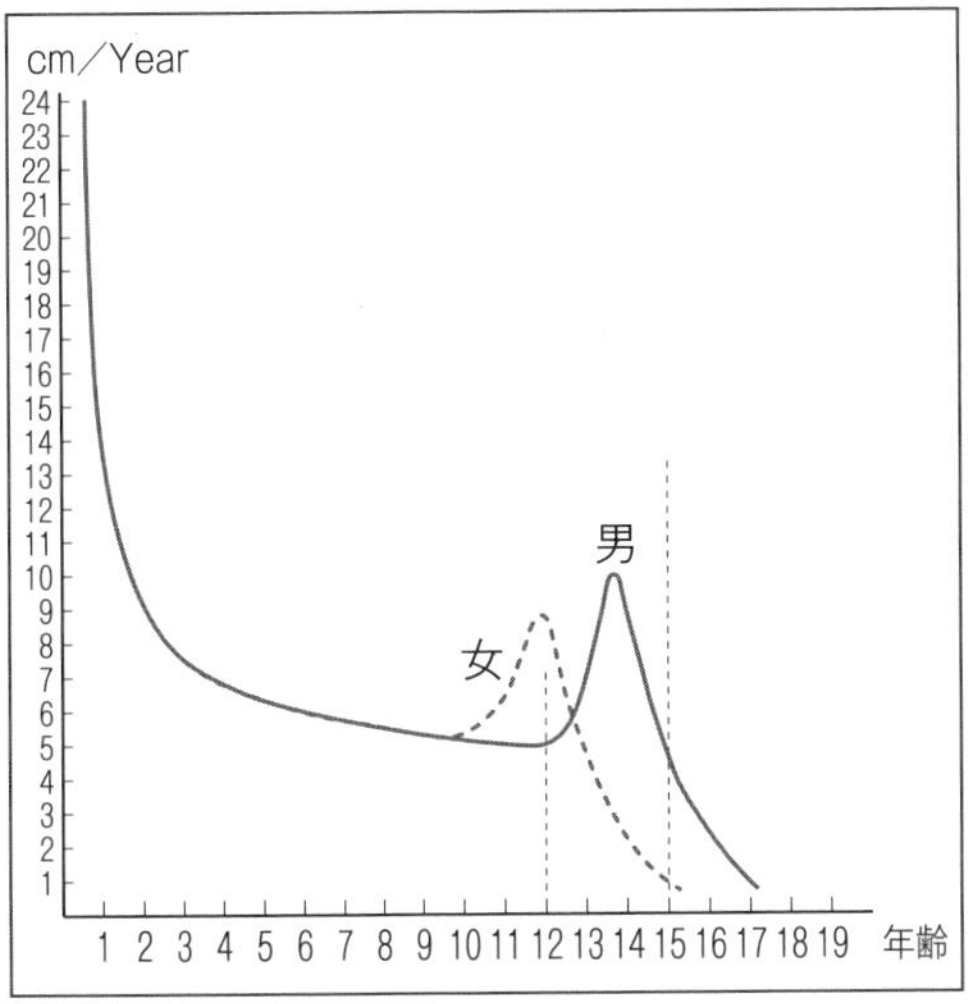

図37　身長発育速度曲線の男女差
（Tanner. 高石らによる）

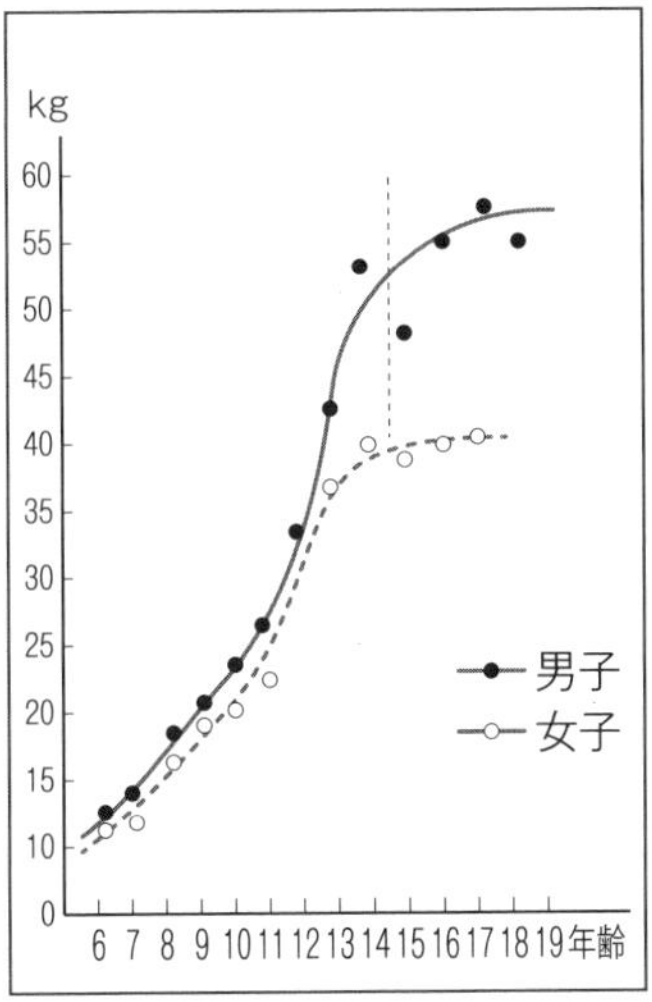

図36　脚筋力の発達曲線

それから、時間がなくなってきましたので急いで資料を整理しますが、次に**成長と食べものということでございまして、子どものときにしっかり食べものの教育をしなければいけない**ということですね、図37は背が伸びる時期に、どのくらい背が伸びるかということです。これは男の子の背の小さい子は大変深刻でありまして、私のところにも手紙や電話がかかってきますけれども、何を食べたら背が大きくなりますかというのは、大体、高校生ぐらいになって悩み始めるんですね、背が165センチぐらいの子は。私は、別に背の高さと人間の価値は関係ないから、そんなに悩むことじゃないかというんですけれども、私自身が177センチもあるものですから、子どもたちに背の高さは男の価値に関係ないといっても、泣き出しますね、男の子でも。非常に強い劣等感になってかわいそうです。

ですけれども、いろいろデータ見てみますと真ん中のグラフにも書いてあります通り、男の子の場合ですと14～15才の間。女の子の場合ですと12～13才のときに、**1年間にぐんと背が伸びる**ところがあります。これは年間何センチ伸びるかというグラフですから。

この最後のラストスパートをガーンとかける。実は**この手前の小学生のときの栄養が、スパートを決める**ようなんですね。

だから女の子ですと、要するに7～8才から12才ぐらいまでの栄養によって背の高さが違ってきますし、男の子ですと7～12才まで何を食べたか、そのときの栄養状態が背の高さに関与するということなんですね。だから17～18才になって何とかしたいといっても、大して期待はできないということになります。

それで背の高さはそういうふうに少し早く伸びるんですが、筋肉の発達というのは図36

に示す通り、もう少し高校生になってからグーッと伸びるわけです。

その上の**表27**には「成長期の年齢別タンパク質所要量」と書いてあります。8歳の女性のたんぱく質の必要量は60グラムですね。体重が25・67キロでタンパク質が60グラム必要です。カロリーは1800キロカロリーくらいでいいんですけどね。その子のお母さんの体重、大体52～53キロのお母さんのタンパク質の所要量が1日60グラムでありますから、大体、女の子は日本人の平均でいきますと、8才、小学校の3年ぐらいになりますと、お母さんと同じ量のタンパク質がいるんですね。タンパク質をとる食事といいますと、肉とか魚とか卵ですから、体重が25キロでお母さんと同じ量はなかなか食べさせられません。

男の子ですと10才でタンパク質の所要量が70グラムになります。大体お父さんの体重の半分になったら、タンパク質はお父さんと同じだけ食べないといけないというわけです。10才というと小学校4～5年ぐらいですね。カロリーはお父さんより10～20％低くてもいいわけです。

つまり小学校の上級から中学校に関しては、比較的、大人に比べればカロリー当たりのタンパク質割合の高い食事を食べさせなければいけないんです。ところが、**肉、魚を食べると**、当然どうしても**料理に油を使っちゃう**ために、ここで**高カロリーになる**んですね。肉、魚をもっと食べろというと、カロリーが高くなっちゃうものですから、ご飯を食べなくなっちゃうんですね。**主食を食べなくなる**。これが統計的にはっきり出ておりまして、今の**子どもたちはご飯を食べる量が非常に少ない**ですね。

中略

その次に、そういうことで肉とか魚とかもっと子どもに食べさせなければいけないんですが、**肉は部位によってすごく違うんですね**。鶏肉というのはからだによいとかいいますけれども鶏の皮というのは非常に脂が多いんですね。ですから鶏肉の胸肉の皮付が100グラムあたり239キロカロリーですけど、ささ身は105キロカロリーですから倍以上違いますね、同じ鶏肉でも。

豚も、ももとばらでは大体3・5倍ぐらい違います、カロリーがね。ですから豚のもも肉と鶏の胸肉では、豚もも肉のほうがカロリーがずっと低いということですね。同じタンパク質とるのでも、牛のサーロインなんかも非常に高カロリーなわけです。

もう一つ、栄養素で見ていただきたいというのは、豚と牛のビタミンB_1のところを見ていただきますと、**豚のもも**というのはどういうわけか、牛のももに比べて**10倍もビタミンB_1があるんですね**。ですから運動する成長期の子どもには、豚のもも肉というのは非常によい食品なんですね。これの脂身のないところをぜひ食べさせていただきたい。そうすれば居眠りも減ると思うんですけどね。牛肉からビタミンB_1をとろうと思ったら、豚肉の10倍食べなければいけない。そんなことは不可能でありますから、ビタミンB_1のビタミン剤を飲ませるか、豚のもも肉を食べるかということになると思いますね。

同じようなことで、マグロでもトロと赤身ではすごく違います。子どもに必要なのは赤身でありますから、安いものを食べたほうがいいんですね、ももだとか、赤身の魚だとか。

それからもう一つ、果実についてもビタミンCのところを見ていただきますと、ミカンは100グラムで大体35ミリ、ビタミンCがありますが、リンゴは100グラム食べても5ミリしかありませんから、リンゴで1日必要な最低のビタミンC（当時の所要量で）をとらせようと思うと、1キロ食わなければいけないんですね。したがってリンゴでビタミンCをとるのは不可能に近いということです。だからビタミンCをとる果実としては、リンゴはあまり適してないんですね。1キロも食べたら、大体、糖分が10％ぐらいありますから、砂糖100グラム食べたのと同じですから、清涼飲料1リッターの効果と同じになっちゃいますね。低分子の糖がたくさん入ってしまいますので逆の問題があります。ということで、果実なら何でもいいというわけにはいかない。

その下は主食といわれるものが書いてあります。ご飯、うどん、スパゲティ。要するに**ご飯というのは非常に脂肪が少ない**ですから、炭水化物のシェアが高い。つまり**肝臓にグリコーゲンを蓄える**。**脳に必要なエネルギーを蓄えるためには、ご飯が一番よい**わけですね。ご飯とかフランスパンがよいわけですけれども、今は、私どもの子会社で明治パンというのがありますが、そこの売行きを見てみますと、食パンとか、ロールパンとか、フランスパンの売行きが年々下がっておりまして、クロワッサン、デニッシュと称するタイプのパンがどんどん売上げが増えているわけです。生産量は横ばいで、パン屋の売上げが少し伸びているのは、ロールパンだとか食パンのような安いやつの売上げが減って、高いパンが売れているから、会社の売上げは増えていますけれども、生産トン数は同じなんですね。**クロワッサンの需要が非常に伸びている**んですけれども、クロワッサンというのはここに書いてありますとおり、エネルギー比を見ていただきますと、**58・7%が脂肪のカロリー**でありますから、脂肪でカロリーとっちゃって、あまり（炭水化物を）食べないということで、あとあといろんな問題が起こるわけであります。

時間が来てしまいましたので、スライドをする時間がなくなったんですが、その次のページにまとめとして書いてあります。どんなことがまとめかといいますと、ご説明するまでもないと思いますが、**合理的な食生活**というのは、栄養のバランスがとれていることが第一でありますけれども、まず量的なバランスですね。**量的なバランスを間違いますと肥満とかやせが起こる**わけであります。

それから**質のバランス**もあります。**糖、脂肪、タンパク、**こういう**三大栄養素のバランスが大事**でありまして、その次にビタミンとか何とかのバランスがあるわけですが、この糖、脂質、タンパク質というメジャーな栄養成分のバランスが、**糖質がだんだん減って、脂肪が増えているというのが今の日本の実情でありまして、糖質が減ってくると、つまり脳にいくエネルギーが足りない**ということで、**根気がなくなる**ということが起こりますので、やはりこの**バランスを守る**ということが大事であります。

それから、朝、昼、夜の割合が非常にまずくなってきていますね。実は私の娘なんかもそうなんでありますが、朝、朝シャンする時間があっても、食事する時間がないなんてバカなことといっておりますので、中学でも女の子が3分の1ぐらい朝シャンしてくるそうなんですね。朝シャンするようになると、ご飯を食べなくなったりするんですけれども、そうすると授業中、根気がなくなります。

オフィスで働いているスタッフでも、**朝、ご飯食べてこない子**は、血糖値が下がってきますから、11時頃になると**パソコンなんかの入力ミスが非常に多くなる**んですね。**糖は脳の唯一のエネルギー**でありますから、ビタミンとか何とかの前に、まず一番メジャーな糖質、**自動車でいえばガソリンに相当する炭水化物でありますから、いかに朝の主食が大事か**ということなんですが、ファッションの前には残念ながらご飯は追いやられているというのが実情であります。

現在の食生活の問題点をまとめてみますと、精製、加工品のシェアが増大して、穀物が低下しているわけです。一番いい例が塩と油ですね。

昔の塩にはマグネシウム、苦汁（にがり）というのを含んでいましたから、硫酸マグネシウムとかですね、カリウム、銅、亜鉛などを含んでいますね。今の塩は精製塩でありますから、ほとんど塩化ナトリウムの純品です。マグネシウム不足というのは運動選手に結構いますけども、**マグネシウム不足になりますと筋肉のケイレンが起こりやすく**なります。

それから**亜鉛が足りなくなってくると味覚異常**になってきて、非常に濃厚な味のものを食べるようになってきますので、これが大事なんですね。塩辛いものが好きな食習慣を、子どものときつけますと、ほとんど将来高血圧が発現しますのでこれも問題だということですね。

ですから塩が精製塩になったらどうしたらいいかということになると、結局、海の中に棲んでいる小さい丸ごと食べちゃうシラス干しとかですね、貝とか、そういうようなものを丸ごと食べちゃえば、その中にマグネシウムとかカリウムとかありますから、食べて精製食品を補うしかないんですね。穀物は食べるしかないということです。

あと料理法では、**油を使った料理が非常に多い**んです。そのために、卵1個80キロカロリーですけど、あれをスクランブルエッグにすれば、フライパンオイルの関係で120キロカロリー以上になっちゃいますからね、増えたカロリーが全部、油のカロリーですから、油を食べ過ぎることによって、主食を食べなくなるという問題が起こっているわけですね。食事の環境としては、一つは家族バラバラな、朝なんかみんな出る時間によって違いますから、いっしょに食卓で全員で食事をする機会が減っているわけであります。お母さんが働きはじめると、特にこういう傾向が多くなるんですね。一人で食べますとますます、大勢で食べるときに比べて、偏食が助長されますから、統計的に調べてみますと、一人で食べている子のほうが栄養状態が悪いんです。

最後に、「**身体資源**」ということばがあります。**成長期につくった身体、つまり、筋肉、骨格、内臓などあらゆる部分は、生涯にわたってよりどころとなる**ものです。その素《もと》になるのは、すべて「食べもの」です。成長期の栄養素の量は、ほとんど体格には比例しません。子どもは大人の小型ではありません。成長期、「のびしろ」を見込んだ栄養をとる必要があります。

ご両親や学校関係者の方は、意識して栄養学を学んでほしいと思います。

大変雑ぱくな講演でございましたが、ご静聴ありがとうございました。

栄養教育の必要性

栄養のバランス —— 合理的な食生活
(食事を楽しみながらFitnessな状態を保つためのハウツー)
　食のバランスとは
　　何を　どのようにして　どのくらい　いつ
　　個人的なものであるということ
①量のバランス
　　食事量＝基礎代謝量＋運動量＋成長量
②質のバランス

栄養素	カロリー比	質のバランス	
糖質	60～65%	甘いものと甘くないもの	2≦8
脂質	20～30%	動物性と植物性	1≦2
蛋白質	12～15%	動物性と植物性	1：1

③食事タイミングのバランス
　　朝・昼・夜の割合と就寝までの時間
現代食生活の問題点

食材	精製、加工食品のシェアー増大、穀物の低下
調理方法	油脂使用量の増大→カロリーオーバー
食事時間	乱れ
食事環境	個食、ムラ食い

スポーツと食べもの
①良いコンディションで運動するため（空腹、満腹では運動しない）
②水のバランス
③スポーツは生理的ストレスである（蛋白質、ビタミン、ミネラルの消耗増大）

体質を重視した食生活を
　体質とは遺伝と環境である。
　自分の体質を知ること。
　体質に逆らわない —— 一病息災でもよい。無関心無自覚が問題。

表28

講演のまとめ

一　スポーツ選手には食べものの教育が必要である。自分で食べものを選ぶことのできる知識を身につけてほしい。食べることはストレスの代償行為になるから、よい食事をとり続けるには本人の高い意識が必要である。

二　スポーツ選手の場合、勝ちたいという強い意思があるから食事もきちんと守ろうとする。

三　子どものときにスポーツを始めるのは大きな意味がある。神経系の発達はほとんど12才くらいまでに決まる。

四　ジュニア選手への食事調査で出てきた好ましくない傾向の一つに、成長期のタンパク質不足がある。からだは小さくても成長をみこしたタンパク質をとる必要がある。

五　自己規制できる、食事も自分で気をつけられる、学業とスポーツが両立するような子でないと選手として強くなれないのではないか？

六　潜在性栄養欠陥状態とは、検査値には出てこないが、女子栄養大学の実験後の食事アンケート結果で読みとれるような段階をいう。このようにデータとしてはっきりあらわれないものもアンケートの回答を拾っていくと、ある程度、推察できることもある。

七　スポーツ選手のお弁当について。保護者対象で講習会をして、カロリーやタンパク質の量、ビタミンなどの摂取量を知ってもらう必要がある。質と量の確保が大切。

八　食事教育は何を食べるかではなく、食べものの選び方、食品の持つ栄養学的な特徴を調理品、加工品まで含めて教える必要がある。食べていけないものはないが、例えば脂肪の多い食事をしたら次の食事で油の少ない献立を選ぶような、自分でバランスを考えられる知識を持つように教える。

九　三大栄養素のバランス、脂質のバランス、朝、昼、夕食のバランスなど。バランスが大切。

十　成長期の栄養は骨格の強さや筋肉のもとになる。これはその人の一生の財産ともいえる。成長期の食べ物と食べ方は重要である。

あとがき

スポーツ栄養士を目指す人へ

ザバス事業を始めた頃、栄養大出身女子数名を採用し、食事調査と選手への食事アドバイスをしてもらったのですが、思うような成果があがりませんでした。原因は栄養士がスポーツの実態をまったく理解しておらず、アドバイザーとして適切な指摘ができないまま単なるカロリー合わせに終始したため、と思われます。

スポーツの種目、年齢、性別、社会人か学生か、プロかアマチュアかなどで、トレーニングの態様（＝あり方）がまったく異なります。現場をみていなかった（＝知らなかった）ため望ましいメニューが作成できなかったのです。

スポーツ栄養士を目指す人は、何はともあれスポーツのいろいろな場面を直接みることが大事です。栄養学の勉強も大切ですが、スポーツが大好きであることが重要、できれば数種目のスポーツで、個人選手のファンになって試合に頻繁に足を運ぶくらいの気概を持ってください。いろいろの経験を重ね一流の栄養士を目指してほしいと思います。

ジュニアスポーツのご両親へ

どんなスポーツ種目を選ぶかがかなり影響します。一人ひとり素質が違いますから兄弟で同じスポーツをする必要はありません。体育大に入って種目を変えてチャンピオンになった人もいます。素質に合った種目に出会う機会を、できるだけ多くつくってあげてください。素質を見つけるのは容易ではありませんが、小学低学年で徒競走の速い子は大人になっても速いし、逆にまったくダメな子でも長距離で意外な成績を残した人もいます。走ることが中くらいでも、動くものを見る視力、動体視力が優れていると、卓球とか野球などでは変化球に強く、素質が開花することがあります。

たとえばスポーツ指導者など、いろいろ異なった目で見てもらって素質に合ったスポーツ種目を選ぶことです。もちろんいうまでもありませんが、子ども本人が好きであることが最も重要です。

シニアスポーツに励む方へ

健康第一を旨とし、自分の「スポーツへのとり組み方」を選択してほしいと思います。しかし、努力の成果がはっきりとわかる目標設定をすることは重要です。種目によって、記録が出せるものとそうでないものがありますから、場合によっては友人とかライバルと目される人との対比で考えることも大切です。トレーニングはあくまでも負荷漸増《ふかぜんぞう》方式です。ゲームやトレーニングが終わったあと、爽快感《そうかいかん》を楽しんでください。

チャンピオンを目指す方に

この本ではジム・モンゴメリーやウィリー・バンクスのことを書きました。彼らは他人から見るとちっぽけに映ること、たいしたことと思えないことでも、着実に実行しチャンピオンになりました。

どんなスポーツでも、努力しているにもかかわらず運動能力が停滞することがあります。シグモイド曲線であらわせますが、均等手段では一定能力に達すると伸びが止まるということが起こります。このときは手段や方法を変えてみてください。どこを変えるか、それを考え実行するのがチャンピオンへの道です。

ザバスを始めた頃、種々の研究に協力してくださった東京大学体育学教室の大学院生だった諸兄に遅ればせながら御礼申しあげます。

最後にこの本の出版を勧めてくださった東海大学のスポーツ栄養学特講を担当しておられた医師の荒川正一博士、ならびに編集でお世話になった南雲堂・加藤敦氏、インサイド・池田博人氏に感謝申しあげます。ありがとうございました。

２０１９年５月

山田　昌彦

参考文献（五十音順）

栄養と運動　伏木　亨ほか編　杏林書院
栄養素の通になる　上西一弘著　女子栄養大学出版部
栄養と食べもの事典　岩尾裕之ほか編　社会保険出版社
からだ・健康・スポーツ　石田良恵ほか著　サンウェイ出版
基礎栄養学改訂第4版　奥恒行ほか編集　南江堂
競技力向上のスポーツ科学Ⅲ　トレーニング科学研究会編　朝倉書店
小麦胚芽のすべて　長井正信著　日清製粉株式会社
サクセスフルエイジングをめざして　東京都老人総合研究所編集・発行
食品成分表２０１８　香川明夫監修　女子栄養大学出版部
ジュニアのためのスポーツ食事学　柴田　麗著　Ｇａｋｋｅｎ
身体発育と食生活　徳島県医師会報10月号「付録」
新ビタミンＣと健康　村田　晃著　共立出版
水溶性ビタミン　日本ビタミン学会編　化学同人
スポーツ栄養の実際Ｑ＆Ａ　米オリンピック委員会　スワソン栄養センターほか制作
天才を作る親たちのルール　吉井妙子著　文藝春秋
ビタミン・サプリメント　橋詰直孝編著　医歯薬出版
ビタミンＣとかぜ、インフルエンザ　Ｌ・ポーリング著　共立出版
葉酸まるわかりＢｏｏｋ　香川靖雄監修　埼玉県坂戸市

ネットで参考にしたもの

ウィキペディア　三重ノ海剛司
ウィキペディア　武蔵川部屋
オムロンヘルスケア　「骨質って何？」
「老化とビタミンＣ」　東京都健康長寿医療センター研究所
「牛乳・乳製品の栄養素ってすごい」　知ってミルク-明治
「食事と骨粗しょう症」　骨粗しょう症ガイド　www.takeda.co.jp/news/2013

著者紹介

山田 昌彦（やまだ まさひこ）

1939年神奈川県横須賀市生まれ。逗子開成学園中等部（バスケットボール部に入部。以降バスケットボール一筋）、県立湘南高等学校、1962年千葉大学園芸学部農芸化学科卒業、明治製菓（株）入社。小田原工場、本社研究開発部調査室。健康産業事業部移籍後スポーツフードザバスの開発担当。1989年ザバスプロテインを中心としたザバスC、デキストローズタブなどのスポーツフードシリーズ発売を手掛ける。その普及活動の一環として「スポーツ栄養学」の講演依頼に応じ日本全国を飛び回る。

その後の職歴―生物化学研究所機能性食品開発室長、薬品総合研究所商品開発研究所所長、1999年本社薬専事業部企画開発部長を最後に退職。直後フィットネス科学研究所設立、選手の体力、競技力向上の研究を継続。明治製菓在職中よりボランティアで（財）日本スケート連盟スピードスケートフィットネスコーチ、（財）日本陸上競技連盟普及部委員、（財）日本バスケットボール協会医科学研究部員など兼任。選手の栄養およびコンディショニングの指導普及担当。その過程でスピードスケートの清水宏保、柔道の斎藤仁など、数多くの選手をサポート。

選手にはつねに「自己新を出す」「チャンピオンを目指す」ことの大切さを説き、本書中「身体づくりの原則」で示した栄養面での充実を訴え、選手への栄養教育をライフワークとした。日本体育学会、体力医学会、肥満医学学会、運動生化学研究会などの会員。1999～2004年大阪体育大学非常勤講師。

―主な著書「スポーツ栄養学のすべて」チクマ秀版社、「選手のための栄養学」明治製菓ザバス事業部、「皮下脂肪がみるみるとれる本」ナツメ社、「サプリメント活用事典」法研、競技力向上のスポーツ科学III（トレーニング科学研究会編・分担執筆）朝倉書店

―主な研究論文（いずれも共著）①競技選手における筋肉量と蛋白代謝に関する研究（1）（2）（日本体育協会スポーツ科学委員会報告書、1980、1981）②食事内容と運動能力に関する研究（1～5）（日本体育学会発表、1982～7）③バスケットボール選手の体力に関する研究（1）（2）（日本体育協会スポーツ医・科学研究報告13報1989、14報1990）

身体づくりと食べ物のはなし
－みんなのスポーツ栄養学－

2019年7月4日　第1刷

［監　修］　山田《やまだ》 昌彦《まさひこ》

［編　集］　加藤 敦（株式会社 南雲堂）
井上 華織、池田 博人（株式会社 インサイド）

［装　丁］　奥定 泰之

［本文デザイン・DTP］
有限会社 Y2 デザイン

［発 行 者］　南雲一範

［発 行 所］　株式会社南雲堂
東京都新宿区山吹町 361
T E L　03-3268-2311
F A X　03-3269-2486
U R L　http://www.nanun-do.co.jp/
E-mail　nanundo@post.email.ne.jp

［印 刷 所］　惠友印刷株式会社

［製 本 所］　松村製本所

〈1-587〉

ISBN 978-4-523-26587-0　C0075

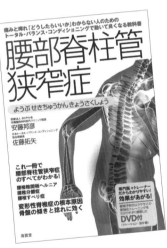